〈子どもという自然〉と出会う

〜この時代と発達をめぐる折々の記〜

浜田寿美男
[著]

ミネルヴァ書房

はじめに——「発達、発達」と叫ばれる時代の発達論

子どもは「人の世」にまみれて育つ

人間は一個の受精卵からその生をはじめ、胎内でヒトのかたちを得て、新生児として産み出され、そこから二〇年ほどの年月を経て成人となる。それは一つの生物学的事実であり、そこには人為で左右できない「人間の自然」が埋め込まれている。しかし、人はもちろん、真空のなかに生まれて、単独の個体として育つのではない。いったん生まれ出てしまえば、与えられた自然に囲まれ、その時代、その地域に固有の「人の世」にまみれて育つ以外にない。

「自然」として出発した人間が「人の世」にまみれて育つ。当たり前のことだが、まずはこのことを確認しておく必要がある。ただ、ここでの人間の「自然」がどのようなもので、「人の世」がそれぞれの時代・地域のなかでどのようなかたちをとってきたかを、私たちは十分に解明できているわけではない。つまり、私たちにとって不明のこの二つの問題領域が重なり合い、もつれ合うところで「発達」が問題となる。とすれば、その裾野は一般に思われているよりはるかに広いもの。ところが、いま巷で展開されている「発達」

論は、その全体の広がりに比して、あまりに狭いところで閉じているように見える。

「発達、発達」と叫ばれる時代

いまこの人の世では、子どもの「発達」が強く意識され、何かにつけ「発達、発達」と叫ばれる。そのなかで私たちは「発達」を論じようとしている。しかし、じつは、つい「発達、発達」と叫んでしまうこと自体が、きわめて今日的なことで、けっして喜べたものではなく、むしろ現代固有の屈折した不幸な状況だと見た方がよい。といって、私はもちろん子どもの育ちを「発達」の目で見ることの意味を否定したいわけではない。ただ、「発達」を論じる以上は、その「発達」を囲む状況がどのようになっているかを押さえておかなければ、これを論じること自体が時代の病理をさらに深刻にしかねない。そのことをまずは自覚しておかなければなるまい。

たとえば、今日の子育て観をあえて素朴なことばで述べれば、「子どもはおとなたちから守られるなかで、将来必要になる力を身につける」というふうになるだろうか。おとなにしっかり守られるなかで、子どもが将来に向けてひたすら力を伸ばすことを願う、そういう思いが人々の頭にこびりついている。多くの人にとって、これは当たり前に見えるかもしれないが、こうした子育て観が何の疑いもなく語られるようになったのは、たかだかここ五〇年。私自身が子どもとして生きた一九五〇年代から六〇年代の初めを思い起こしてみれば、一見素朴なこの子育て観が、およそ自分の実感と食い違う。右文の傍点部「守られる」「力を身につける」という二つの側面についてそれぞれ考えてみる。

子どもたちは守られっぱなしの存在なのか

私が子どもだったころ、子どもたちは大きくはおとなから守られていても、けっして守られっぱなしではなかった。子どもは子どもなりに働いて、家族の生活の一翼を担うことを求められていたし、幼い弟妹の子守りを任されてもいた。そうしないかぎり家族の生活が成り立たなかったのである。それに子ども自身が、そうして自分の力を発揮して周囲のおとなたちに喜ばれ、助かっていると思ってもらえていることを喜んでいたし、そこに子どもなりの自信を抱いていたと言ってもよい。そうして子どもたちは自分の手持ちの力を使って共同の生活に参加し、そこで人間関係の網の目を広げておとなになっていったのである。この育ちの姿は、今日の目で見れば、貧しい時代の例外的な事態に見えるかもしれないが、長い人類史に照らしてみれば、それこそが子どもの育ちのつねの姿であり、ここ五〇年の方がむしろ例外だと言わなければならない。

子どもたちは力を身につけるだけの存在なのか

もう一つの「力を身につける」ということにも問題がある。子どもがおとなになる過程でさまざまな力を膨大に身につけなければならないのは、いまも昔も変わらない。しかし、本来、身につけた力は「ただちに」使って、そこに新たな世界が展開していくところに意味があるはず。ところが、ここ五〇年は、小学校・中学校・高校・大学という学校教育制度のはしごを順調に上っていくことではじめて「将来」の安定した豊かな生活が保証されるかのごとくに思われるようになって、学んで力を身につけることの意味が大きく変質してきた。そこでは、身につけた力は日々の小テストから入学試験まで、力の獲得の有無を試す場で使われるだけで、本来の学びの意味、つまり新たに身につけた力を使って、そこに新たな世界が広がってくるのを喜ぶというところからは大きく遠ざかっている。

そのため、子どもたちは「こんな役に立つかどうかも分からないことをどうして勉強しなければならないのか」と問い、親や教師はこれに対して「いまは役立たないかもしれないが、力を身につけ蓄えておけば将来役立つんだから」と答えたりする。しかし、いったん身につけた力も、それを生活のなかで使うことがなければ必ず萎え衰える。リハビリの世界では「廃用の原則」として当たり前に認められていることなのだが、学校教育の世界では、多くの子どもたちが力を身につけては試験で試され、試験が終わればやがて萎え衰えるにまかせるという事態を空しく繰り返している。

子どもたちは育ちの過程で次々と新たな力を身につけ、その力は日々の営みのなかで精一杯使われることで、子ども自身の生活世界のなかに根を下ろす。「発達の原則」があるとすれば、それは本来そういうものであるはずである。ところが、「発達、発達」と叫ばれるこの世の中では、力を身につけることばかりが求められて、身につけた力を使って子どもたちがどのような生活世界を描いていくかが問われない。原則がすっかり逆立ちしているのである。なにゆえこのような逆立ちが起こってしまったのか。このことを真摯に問うことなく「発達」を叫ぶことはむしろ危険であるようにさえ、私には思える。

いま私たちのまわりには、低学力論争などをはじめとして、「発達」を個体能力の単位でしか考えない議論が横行している。そしてその背景には、この世界を牛耳っている個体単位の経済制度や生活現実がある。しかし、人は個体で生きているのではないし、発達もまた他者とともに生きる共同のかたちのなかではじめて機能する。そのことを忘れてただただ個体能力の「発達」にこだわってしまうとき、この時代の病理はますます私たちの生活を深く侵していくことになる。

日々こんなことを思いながら、私はいまも、現実の子どもの「生活」や「発達」の問題に付き合い、同時に、状況に強いられるようにして刑事裁判での「冤罪」の問題に付き合ってきた。本書はその折々の思いを、「子どもの世界、おとなの世界」と題した連載のかたちで書き綴ったものである。書きはじめたときから数えれば、もう八年になるが、時代の様相はいまも変わらない。というより、その陰はさらに深刻になっているとさえ思える。せめて「折々の記」の後ろに、多少でも「希望」の兆しが見えることを期待したい。どこで読んだか、「希望のないところに希望の芽を」という一節があった。ともあれ、まだしばらくはがんばらなければと思っている。

＊この「はじめに」は、以下の文献に加筆修正したものである。
浜田寿美男　二〇一三「発達、発達」と叫ばれる時代の発達論　発達、第一三四号、一〇-一一頁

目次

Ⅱ　世界とつながる通路

Ⅲ 人間の意図と状況の力

I　人間の自然と状況の暴力

1　子育ては文化が自然と出会うところ

ひょんなことで、大学の仕事のかたわら、附属幼稚園の園長を兼務することになった。保育に直接関与するわけではないのだが、遠足や運動会、毎月の誕生会などの行事はもとより、日常の場面でも子どもたちと身近に接する機会が、これまでに比べてずいぶん増えた。

もともと発達心理学、つまり子どもの育ちの心理学を仕事にしていて、子どもには縁の深い立場にいるのだが、久しぶりに子どもたちと日常的に関わってみると、あらためて考えさせられることが多い。

「神のうち」の子ども

「七つまでは神のうち」ということわざがあって、私もときどき話のなかで紹介するのだが、幼稚園の子どもたちの姿を見ていると、このことばがおのずと浮かんでくる。

数え年で七つまでというのは、ちょうど小学校に上がるところまで。その年頃の子どもたちは、まだこの世に生まれて数年しかたっていない。それだけ人間の文化には染まっていない。「神のうち」というのは、文字通りには神様の領域ということだが、言い換えれば、文化以前の「自然のうち」ということでもある。

近ごろは「子どもをつくる」という言い方が一般的で、誰も「子どもを授かる」などとは言わなくなった。しかし、ほんとうのところを言えば、子どもはやはり自然のものであって、人間が人為で創り出すことはできない。男女の生殖行為も、卵と精子の合体も、受精卵の卵割からはじまる身体の形成も、赤ちゃんの出産という出来事も、すべて自然によってプログラムされた過程にほかならない。

そしてさらに出産後、子どもがこの世の中で育っていく過程も、その基本のところで自然の仕組みに支えられている。つまり子どもは最初、やはり「自然のうち」にいる。ただしこの「自然」のなかには、周囲で子どもを育て、関わるおとなたちの存在を含めておかなければならない。でなければ誰も生きていけない。

言ってみれば当たり前のことなのだが、私たちはときどき、この「子どもの自然」を忘れてしまう。私たちおとなは、それだけ文化にどっぷり浸かっているのである。

子育ては自然との出会い

人間は、自然が敷いた生命の道程に重ねて、数万年の歴史のなかでことばを生み出し、さまざまの道具を作り出した。おかげで人間はどんどんコミュニケーション世界を広げ、いまやそれによって地球規模の膨大な情報の流れにさらされるようになったし、おそろしいほど多種多様な道具・機器をこの世界に送り出し、かつては考えられなかったほどの消費財に取り囲まれて生きている。

しかし、この文化のプロセスは、もともと自然のプロセスから離れて成り立ったものではない。文化はいわば自然の周囲をくるむようにして大きくなってきた。たとえば人も動物である以上、食べ物を食べなければならない。それは自然のプロセスである。しかしその食べ物の採取を自然まかせにするのではなく、農耕や牧畜として自分の方から計画的に生産する。それが文化である。あるいは口に食べ物を入れて咀嚼する食行動は自然そのものだが、人はそのレベルを超えて、いろいろな食べ物を集め混ぜ合わせて調理し、食具を使って食事をする。人間社会では、食事の文化が自然の食行動をくるむようにして、多様に広がってきた。

育児もまた同じである。人間が人間になる前から、もちろん親は子を産み、子を育ててきた。その子育ての基本は自然に支えられたプロセスである。そしてこの自然のプロセスをくるむようにして育児の文化が多様につくられてきた。赤ちゃんに衣類を着せ、おむつをあてるのもそうだし、乳の出ない母には乳母が代わり、あるいは母乳に変わる代替物を考えたり人工乳を開発したりするのもそうである。また抱っこやおんぶにしても、自然のありようを超えた多様性が、人間にはある。育児の自然を、育児の文化が分厚くくるんでいる。それが人間の育児である。

しかしそのうえで、生まれてくる赤ちゃんは、つねにまだ文化をまとっていない新鮮な自然だということを忘れてはならない。言ってみれば、子育てとはこの新鮮な自然との付き合いなのである。

出会い、そしてすれ違う

赤ちゃんという自然と出会い、付き合うやり方が、どの共同体にも育児の文化としてあって、通常は、子どもを産む年齢になれば、誰もがその文化を身に浸み込ませている。子どももまだ小さいころから、自分より後に生まれてきた赤ちゃんと出会い、その自然との付き合いを、おとなたちの所作から見よう見まねで身につける。それが育児文化として共同体のなかで共有されてきた。

ところがいまは、世代構成のかたちが大きく変化して、この育児文化をごくふつうに身に浸み込ませていく育児の共同体が失われている。現に自分が子どもを産むまで赤ちゃんを抱っこしたことがないという女性も珍しくない。そうなると、赤ちゃんという自然との付き合い方を知らないまま、赤ちゃんを産み、不安ななかで育児をはじめざるをえない。

文化はもともと自然の周囲をくるむようにして広がってきた。しかしその文化が肥大した先では、文化が自然とすれ違い、これを裏切ることも出てくる。子どもの虐待なども、大きく見ればその一例かもしれない。

二重継承理論という考え方によれば、人間は人間としての本性を、世代から世代へ、二つのルートで継承している。

一つは系統発生（いわゆる進化）の過程を通して、遺伝によって人間的形質を継承するという生物学的継承。端的に言えば、人間からは人間の赤ちゃんが生まれ、赤ちゃんはその遺伝子構造に組み込まれた自然のプロセスを通して育っていく。もう一つは、人間が歴史の過程を経て積み上げてきた文化的形成物を、子どもがその育ちの過程のなかで、親の世代から学び、引き継いでいく。これがいわゆる文化的継承である。

そうして見れば、子育ての場はおとなの文化が子どもの自然に出会う境界だといってもよい。そこがどのようにつながり、あるいはどのようにすれ違い、食い違っているのか。

園庭で年少さんたちが群がって、ふざけている姿を見ると、いまではすっかりおじいちゃんの気分で、いまだ人間の文化に染まっていないこの生き物たちが愛おしくなる。しかし一方で、そうした牧歌的な気分に浸れない現実が世の中にはあることを、私たちは知っている。

（二〇〇七年四月）

のちのちの記1

この連載をはじめたのは、文章の末尾に記したように、二〇〇七年四月、もう八年近くも前ということになる。当時はまだ大学に在職していて、その前年の二〇〇六年から附属幼稚園の園長を務めていた。園長といっても、大学の仕事と兼務なので、週一日だけ園にいて、午前は子どもたちと過ごし、午後には先生方と話し合うというだけなのだが、いま思えば新鮮な体験であった。その体験を三年間味わうことになる。

それにしても、生育途上の子ども、しかもまだ幼い子どもたちだけを百五〇人余りも集めて、おとなたち十数人がそこで一緒に過ごすというかたちは、他の哺乳類にまったく例のないのはもちろん、人類史上においてもこれが定着してきたのはごく最近のこと。しかし、そうしたシステムが、この人間世界では幼稚園、保育園、あるいは学校というかたちで、いま地球上のほとんどのところに広がっている。やはりそれは「時代」というもの。そう思うと、いまの私たちが当たり前だと思っていることが、生物種を超え、時代を超えて見れば、どれだけ当たり前でないのかが見えてくる。

私の専門はもともと「発達心理学」だが、時代の要請か、奈良女子大学に移ってからは「子ども学」を名乗るようになって、一方で、私の仕事の大半は、そのころからすでに「法心理学」、つまり裁判に関わる心理学、とりわけ自白や目撃の供述分析に手を取られている。こう言うといったい何者だと不思議がられるかもしれないが、一九七〇年代に子どもの証言が問題となった甲山事件に関わったことで、発達から裁判の仕事にのめりこんで、いまにいたっている。そんな私が機会をいただいて、「この時代と発達をめぐる折々の記」を連載させてもらうことになったのである。

こうしていまはもう大学を定年で終えた位置から、距離を置いた目で、かつて書いた一回一回の文章にコメントを加える。そこに私としても、何か新しいことが見えればという思いでいる。しばらくお付き合いのほどを。

2 子どもとおとなの奇妙なすれ違い

子を生み、子を育てる場は、おとなの文化が子どもの自然に出会う境界である。その境界でどのようなことが起こっているのかが、ここでのテーマである。

文化と自然とが出会ったとき、多くの人は子どもの「粗野な自然」をいかにして「洗練された文化」の側に引き寄せるかを考える。子どももまたやがておとなになり、この文化のなかを生きるようになる以上、それはもちろん大事なことである。しかし一方で、ある文化に染まりきってしまったおとなたちが、いかに奇妙なところを生きているかをもまた知っておかなければならない。とすれば、子どもの自然に、あらためて素直な気持ちで出会うことが、じつはおとなにも求められている。

ある先生の事件

少し前のことだが、長く小学校に教師として勤めてきたという男性から、鑑定の依頼を受けたことがある。小学二年生の担任をしているときに、休み時間中、子どもの下着の中に手を入れ性器を触るというわいせつ行為をしたということで懲戒免職処分を受けたが、まったくの冤罪だというのである。

事の発端は八歳の女の子が、おうちで母親に自分の股のところを指して「グリグリ大丈夫かなあ」と言ったことにはじまる。母親が「どうしてそんなところにグリグリがあることが分かったの？」と聞くと、子どもは「先生に教えてもらった」と言う。担任は男の先生である。男の先生がなぜそんなことを教えたのか変に思った母親は、娘が先生に触られたのではないかと不安になって、「先生に触られたの？」と聞くと「触られた」と答えたというのである。

娘が先生からわいせつ行為を受けたのではないかという母親の不安は、いったん湧き上がってしまうと簡単におさまらない。ひょっとして他の女の子たちも触られているのではないかと思って、同級の女の子の母親何人かに電話をかけて事情を話し、お宅の娘さんは大丈夫かと聞いたところ、電話を受けた側の母親たちも心配になって、それぞれ娘に「先生に触られたことはないか」と聞いたのだという。そうして多くの子どもたちから「先生に触られた」という話が引き出されることになった。

この話はたちまちのうちに同級の保護者たちに広がり、翌日には保護者会を開き、校長・教頭にも同席を求めて事情を訴えた。校長・教頭は大変なことになったとあわてふためいて、さっそく当の教師を呼び出して問いただしたところ、教師はそんなことはないときっぱりと否認したのだが、「親たちがひどく怒っているので、あなたが顔を合わせると大変なことになる。しばらく年休をとって休むように」と指示した。

そうして事の鎮静化をはかったのだが、親たちの抗議は強烈で、話がマスコミにまで広がる懸念をもった校長たちは、繰り返し教師に「子どもの身体に触れることはなかったのか」と追及した。考えてみれば、低学年の子どもたちは教師になついていればいるほど、まつわりつくもの。この教師も子ども好きで、子どもにも慕われていて、休み時間などはみんなが競って教師の膝を奪い合う。それでおのずと子どもを抱え上げたり、抱え下ろしたりもする。そんなとき、当然、身体に触れる。

追及を受けた教師は、ひょっとして子どもを抱えたときに手が下着にかかったことがあったかもしれないと言う。すると、校長たちはこれを自白と受けとめて、とにかく謝罪をしないと親たちの騒ぎはおさまらないし、大変なことになると説得して、結局、教師は謝罪文を書いたのである。

ところが、いったん謝罪文を書いてしまうと、これが一人歩きをする。騒ぎはさらに大きくなって、教育委員会が動き、最後に懲戒免職の処分を下し、教師は不服を申し立てたが認められなかった。

「触られる」ということの意味

この事件にはいくつものすれ違いがあった。女の子が親から「先生に触られることがあるのか」と聞かれたとき、そこでの「触られる」は子どもにとってただ身体が触れるということであって、とくに性的な意味合いはない。ただ、親が妙に真剣に聞いてくるので、何かあるのかもしれないと、けげんに思いつつも、繰り返し問いただされば、子どもは何の罪の意識もなくこれを認める。

一方、教師は校長たちの口を通して、親から子どもが「触られている」と訴えていることを聞いて、もちろん性的な意味合いで触るなどということはないと否定するが、それでは騒ぎは収まらないと言われて、触ること自体はあることだし、ひょっとして間違って手が入ったということもあるかもしれないと認める。

そしてさらに奇妙なのは、訴えたはずの子どもと、訴えられた教師が一度も直接話し合ってはいないということである。こういう話を人前で子どもにさせるのは二次被害になると考えた親たちが、最初に聴き取った話だけで、子どもの被害を代弁する。また最初に訴えを聞いた校長たちは、教師を保護者に直接合わせると混乱がさらにひどくなると考えて、教師自身が保護者に会いたいと言っても、それをあえて避け、自分たちが代弁することでなんとか騒ぎを終息させようとした。結果として〈子ども⇕保護者⇕校長・教頭⇕

教師〉というふうに、直接の当事者である子どもと教師のあいだに二重の代弁者が入り込む。しかもその代弁そのものが当事者の話をゆがめる。こうして保護者はもっぱら被害者意識を前面に押し出し、校長らは教師を守るという名目で、じつは自分たちの保身をはかる。この両者の意識が相乗的に働いて、まるく収めたつもりの結果が、一人の教師の懲戒免職だったのである。

そしてその後

懲戒免職処分の取り消しを求める訴訟は裁判で却下された。私は子どもと教師の間に介在した奇妙な代弁者たちの情報のやりとりを分析して、この処分が結果として冤罪でしかなかったとの鑑定書を書いたのだが、裁判所はこれを一顧だにせず、教師の言い分を簡単に却下した。

子どもたちは、この事件のことをまったく知らされないまま、気がついたら担任の先生がいなくなっていたという状況だったらしい。そして当の元教師は、いまは葬儀屋さんに再就職して働いているという。

こんな後日談がある。あるときこの元教師が、街の中で偶然、最初に被害を訴えたことになっている女の子に出会った。遠くから先生を見つけた女の子は、懐かしそうに手を振り、走り寄って、彼に飛びついてきたという。

（二〇〇七年六月）

のちのちの記2

幼い女児へのわいせつ事件がときに起こる。人間の性的嗜好は多様で、なかには小児性愛に走る者もいる。私が関与した事件のなかにも、小学一年生の女児が学校帰りに何者かに襲われて、わいせつ行為を受け、殺されて竹藪の古井戸に埋められたという事件があった。一九七九年のことである。千葉県野田市で起こったので「野田事件」と呼ばれている。警察の捜査で、遺体発見現場近くに住んでいた重い知的障害のある男性Aさんが逮捕され、自白をさせられて、裁判で懲役一二年の刑が確定し、刑を終えて、一九九四年に満期出所している。ところが、この事件の犯人がほんとうにAさんだったのかについては深刻な疑問がある。その自白過程に問題があるし、証拠偽造の形跡も残されている。私が自白の鑑定をして『ほんとうは僕殺したんじゃねえもの』（筑摩書房）を出したのが一九九一年のこと。そして、ずいぶんと遅ればせながら、つい最近、二〇一四年七月に再審請求が起こされた。これほど重い知的障害の人の再審請求事件は、わが国で初めてである。しかし、いずれにしても、小学一年生の女児が性的な動機でもって殺されたというのはたしかで、現実にそうした陰惨な事件を引き起こした人間がいるのだ。それはもちろん許すわけにはいかない。

しかし、その許せない犯罪がある一方で、まったく身に覚えのない事件に巻き込まれて、人生をすっかり棒に振ってしまう人たちもいる。本稿の元教師もまた、奇妙な情報のもつれに引き込まれ、ゆえなき罪を押しつけられて、教員の職を奪われた。刑事事件にはいたらなかったけれども、それによって人生をくるわされてしまったことに違いはない。そしてその種の事件が、けっして珍しくない。その後も、私は、女児へのわいせつ行為を疑われて裁判になった事件に数件関与することになる。そのうちの二件は被告が教師である。いずれも、子ども本人よりも、その親たちが、子どもが性被害を受けたのではないかという疑心に囚われて突っ走ってしまった可能性が高い。しかし、いったん疑われて裁判にまでなってしまえば、その被告の人生は一変する。恐ろしいものである。

また、この連載をはじめた同じころ、電車内の痴漢事件の鑑定依頼が立て続けに舞い込んで、それらに関与することにもなった。こうした事件につきあって思うのは、人間の記憶がいかに頼りないものかということ、そして被害者もまた、被疑者・被告人を犯人だと思ってしまえば、冷静に、ひょっとして告発した自分が間違っているかもしれないと思い直すことがどれほど困難かということ、それらのことを痛感している。痴漢はもちろん許されないが、年間数千人も摘発されるという痴漢事件のなかには、間違って捕まってしまう人もかならずいる。満員電車のなかで犯人を正確に捕まえるのは、じつは容易でない。一％でも間違いがあれば、年間数十人の冤罪被害者が出ることになる。そうした実際の事件をもとに、これを映画として描いた周防正行監督の『それでも僕はやってない』は秀逸である。これが公開されたのが、二〇〇六年の末のこと。いまはＤＶＤにもなっているので、是非ご一見を。

3 子どもを守るということ

子どもはまだ無力で、自分ひとりではこの世界を生きていけない。だから子どもは守らなければならない。それは当然のことである。実際、あらためて言うまでもなく、人間は大昔からそうして子どもを守ってきた。しかし一方で「守る」という意識が過剰になったとき、そこにとんでもないことが起こる。

前回お話した小学校教師の懲戒免職事件でも、親たちが子どものちょっとした話から、わが子が担任教師からわいせつ被害を受けているのではないかと不安になって、ひたすら子どもを守ろうとの思いで告発の声を上げ、これを受けた学校長らも、子どもの心を傷つけてはいけないという名目で、被害の有無を子どもたちにあらためて問いただすことなく、告発にそのまま乗っかって、担任教師に自白を迫った。その間、直接の当事者である子どもと教師がたがいに事を確かめあうことは一度もなかった。そうして子どもたちには何の説明もないままに、一人の教師が学校から放逐されて事は終わった。これが冤罪だとすれば、親も学校も「子どもを守る」という善意のもとで、結果としてとんでもない人権侵害を犯したことになる。

「わが子を守る」ということ

「子どもを守る」ことは、人間の自然として、私たちのなかに深く根を下ろしている。しかし、そこでの「子ども」は、多くの場合「わが子」として意識されている。つまり「子どもを守る」は、むしろ「わが子を守る」という排他的意識でしかないことが少なくない。これもまた親子の情として自然なことではあるのだが、じつはここに種々の問題がひそむ。

ある小学校で一年生の子どもどうしのあいだにちょっとしたいさかいがあって、子どもの一人が怪我をするということがあった。怪我そのものはすり傷程度だったのだが、現場は高い段のあったところで、一つ間違えば大怪我しかねない状況であったらしい。そのことを事後報告で教師から聞かされた親が、学校に抗議した。学校で子どもに怪我のないようにしてほしいというのは親として当然の思いであるから、抗議をしたことそのものはもっともなことだと思うのだが、問題はその抗議の中身である。

その親の言い分はこうである。「相手の子は以前から乱暴で、うちの子と始終いさかいがあって、危ないと思っていた。学校はこんな危険な子を野放しにしてよいのか。もともと危険なところをもっているこういう子は、言い聞かせても変わることはない。私たちは自分の子をそんな危険な子と一緒に過ごさせるわけにはいかない。その子をよその学校に転校させるか、それができないというのなら、少なくともよそのクラスに移してほしい」。「わが子を守る」という親の思いを非難したいわけではない。しかし自分がわが子を守りたいと思っているのと同じように、相手の子にももちろん親はいて、その親もまた、ふつうにわが子を守りたいと思っている。そのことに思いをいたすことなく、ひたすら「わが子を守る」ために相手を責め、排斥するというのは、どこかで「子どもを守る」というところから逸脱している。世の中にはいろんな人がいるし、いろんな子がいる。その多様性を認め合うことなしには、じつはわが子さえも守れない。

このことに絡んで、さらに気になるのは、まるで生まれつき危険な子がいるかのように言う、この親の意識である。最近では理解の難しい少年犯罪が報道されるつど、アスペルガー症候群とかＡＤＨＤとかいった発達障害のラベリングがマスコミで取り沙汰される。そのときこれらの障害が犯罪行動にそのまま直結するものではないとの断りが付言されたりするのだが、それでも発達障害のことをじかには知らない人たちのあいだには、生まれつき何かしら危険なところをもつ子がいるかのような意識が広がっている。こういうなかで生き苦しい思いをしている子どもや親が確実に出てくる。

ことともある。

競争社会と「構造的暴力」

わが子を守ろうとすることが、結果としてそのわが子自身を逆に苦しい状況に追い込むこともある。

たとえば、この競争社会を勝ち抜いていくには学歴、学校歴をつけて安定した職業に就かせることが必須だと強迫的に思った親が、子どもの学力向上に血道を上げるなか、当初は素直につき従っていた子どもが、やがて苦しくなって、親から離反し、あるいは親に強烈な反撃を返してくることがある。一年ほど前（二〇〇六年）、奈良県で有名進学校に通っていた高校生が、成績の低下を親に知られるのを恐れて、家に火をつけ、家族を死にいたらしめるという事件を起こしたことがまだ記憶に新しい。

もちろん、このような事件はそうそう頻繁に起こるものではない。多くの親たちはそこまで強迫的にわが子を追い込むことはないし、わが子の現実を見ながら、無理強いはせず、適当なところで妥協する。しかしそうして適当に妥協はしても、わが子を同じ競争社会の構図のなかに追い込んでいることに変わりはない。このことがほんとうにわが子を幸せにしているのかどうか。

わが子が競争社会を勝ち抜けるように、親としてできることはする。そのことが結果としてこの構図を根本のところで支える。しかし、この競争社会のあり方そのものが大きな錯覚だとすればどうだろうか。

クラスで競い、学校で競い、学校間で競い、やがて国という単位で、あるいはグローバル世界という単位で競い……、そうして競いに競って年収何億円の勝ち組がいるかと思えば、明日の生活さえ見えない人たちが膨大な数いる。いったん負けた人に再チャレンジの機会を保証するなどという言い方もあるが、それはほとんどの場合、負けたことのない人の無責任な言い逃れにすぎない。

それに、そうやって人がいったい何を競い合っているのかと考えると、それがよく分からない。子どもが競い合う学力、おとなが競って得ようとする財力。それそのものはいまの時代を生きていくうえで必須のものだと思われている。しかしそれを個々人が追い求める構図が、逆に個々人を生き苦しくする現実を見ないわけにはいかない。そこには人が人に直接振るう身体的暴力とは違うもう一つの暴力が働く。それは言ってみれば「構造的な暴力」である。この暴力の猛威は個人の手にはおえない。これを真に恐れるのなら、「わが子を守る」という発想から一歩距離をとらなければならないはずなのだが。

（二〇〇七年八月）

のちのちの記３

「構造的暴力」ということばを聞いたのは、もう四〇年ほども前のことだろうか。

いまネットで調べると、ノルウェイの社会学者であるヨハン・ガルトゥングが一九七〇年代に暴力の概念を、いわゆる身体的暴力や戦争のような直接的な暴力にとどめず、暴力の主体を誰それとして特定できないような間接的な暴力にまで広げて、「構造の暴力」と言い出したのが最初だという。東西冷戦の問題がやや緩んで、むしろ南北問題がクローズアップされるなか、途上国の人々の貧困や飢餓が深刻な問題として取り沙汰されはじめた時代のことである。極度の貧困のなか餓死していく子どもたちが、いまでも世界中にはたくさんいるが、子どもたちを餓死に追い込んでいくのは、特定できるような誰かではなく、先進国と途上国の経済的な落差という構造である。そうした社会の構造が人を傷つけ、人を死にいたらしめる。そこで国際政治学や平和学の脈絡で「構造的暴力」ということが言われはじめたのだが、この概念は国際問題に限らずいろいろなところにあてはまる。

たとえば、過労死の直接的原因は働きすぎによる身体の極限的疲労だが、そうした過労という事態を引き起こしたのは会社側の労働環境であるし、その背後には企業間競争の過熱という構造上の問題がある。あるいは、児童虐待の問題なども、直接的には親の有形無形の暴力の問題ではあるのだが、親が虐待に走ってしまう背後には生活上の問題がかならずあるし、その生活上の問題の背景には、やはり社会構造上の問題があって、それぬきには抜本的な解決はないはずである。そして、ここでしばしば取り上げている冤罪の問題なども、何の罪もない人が故なく逮捕され、起訴され、裁判にかけられ、ときに有罪とされ、あげくは死刑に処せられてしまうのであるから、明らかに暴力なのだが、その暴力の主体は誰それとして特定できない。そこにあるのも、やはり「構造」の問題だと考えなければならない。

ちょうど本稿を書く直前、電車内痴漢での冤罪を訴える集まりに出かけて、終わり際、被告とその家族に何とかならないものかと涙され、「ああ、どうしよう」と思ってしまった。日本の刑事裁判は九九・九％の有罪率を誇っている。裁判になってしまえば、ほとんどが有罪なのである。電車内の痴漢事件でも、冤罪の訴えは簡単に通らない。その後関わった事件のなかには、最高裁まで争って負け、実刑で収監されたケースもある。認めればせいぜい罰金数十万円ですむし、黙っていれば、誰にも知られることはないのだが、否認すれば、最高裁まで闘っても無実を勝ち取ることは容易でない。しかも、負けてしまえば、やったのに否認していて反省がないということで、情状酌量の余地なしとして実刑になってしまう。

冤罪被害の訴えをあれこれと聞きながら、私自身は平穏で安全なところに生きている。その私がいったい何をどこまでやれるのか。そう思いつつ、でも自分にできるかぎりのことをやるしかない。そんなことを思う日々を繰り返している。

4　生身の暴力と制度の暴力

前回、「構造的暴力」という耳慣れないことばを使ったが、私は、いまのこの世の中を理解するうえで、このことばの正確な意味を押さえておくことが相当に重要ではないかと思っている。そこで、少し子どもの世界からは離れるのだが、この点をもう少しお話ししておきたい。

目に見える暴力

ふつう「暴力」と言えば、生身の人どうしがぶつかりあって、一方が他方を攻める攻撃行動、あるいは両者が相互的に攻め合う攻撃行動を指す。それは身体を用いた攻撃行動であるから、当然、私たちの目に見えるかたちで展開される。言ってみれば、目に見える暴力である。

そうした暴力沙汰が、私たちのまわりにもときどき起こる。この種の暴力は誰にとっても嫌なことで、できれば避けたいし、これを防ぐための対処をいろいろ講じもする。

目に見える暴力に対するもっとも直接的な対処法は、あいだに入って止めること。ただ、これがそれほど容易ではない。身近な人のあいだのいさかいや子どもどうしのけんかならば、まあまあと言って仲裁することも難しくないが、少し関係が遠い人だったり、大のおとなのけんかだったりすると、口出しするのも簡単ではない。

学校で子どもどうしのあいだに起こるいじめでも、傍観者の立場にいる第三者がこれにどう関わるかが重要だと言われたりするが、実際に周囲の子どもが仲裁に入るには、かなりの勇気がいる。そうしていじめの渦中に身を投げ込めば、次には自らがいじめの対象になることを覚悟しなければならないからである。

あるいは家庭内で起こる虐待なども、外からはっきり見えるほどになれば、何とかしなければと思うけれども、実際に一個人として介入するのは難しい。他人の家庭に踏み込むことにはどうしても遠慮が働く。そこで児童相談所等への通報が義務づけられ、外部からの直接的な介入によって問題の解決がはかられることになる。さらに犯罪として問題になるような暴力となると、私人の手には負えず、最終的に警察の手を借りる以外にないということにもなる。

私たちが「暴力」と聞いてイメージするのは、こうした生身の人間どうしの暴力。そこでは加害者の姿も被害者の姿も、直接、私たちの目に見える。だからこそ、困難ではあってもじかにこれに介入したり、防止を試みたり、あるいは起こってしまった暴力に報復したりもする。

しかし暴力のなかには、目には見えない暴力がある。その一つは、加害者が生身の姿で見えてこない「制度の暴力」である。私にとって身近な一例をあげよう。

無実の死刑囚

先日（二〇〇七年夏）、私は名古屋拘置所に確定死刑囚奥西勝さんを訪ねた。死刑囚への面会はこれまで厳しく制限されていたのだが、監獄法の改定でこの六月から私のような鑑定人にも面会が可能になった。

奥西さんは名張毒ぶどう酒事件で死刑判決を受け、その刑が確定して、いま法的にはいつ死刑が執行されてもおかしくない立場で、獄に囚われている。事件は、一九六一年、三重県の山間にある小さな集落で、村の人たちの集まりが開かれ、そこでぶどう酒を飲んだ女性たち一七人が直後に苦しみはじめ、うち五人が亡くなったというもの。農薬の有機燐剤がぶどう酒のなかに混入されていたという大量毒殺事件である。

この事件の犯人として疑われた奥西さんは、いったん自白したが、その後一貫して否認し、一審は無罪だったのだが、二審で逆転有罪で死刑となり、一九七二年には最高裁でその刑が確定した。その後、何度も再審請求を繰り返して、二〇〇五年に名古屋高裁でやっと再審開始決定が出たにもかかわらず、検察の異議申し立てによって、二〇〇六年末には再審開始の決定が取り消された。現在、最高裁に特別抗告中である。事件からすでに四六年、奥西さんはそのうちの四〇年を獄中で過ごしてきた。しかし私がこの事件に付き合ってきた結果から言えば、彼がこの事件の犯人であるとは、およそ思えない。いや、むしろ彼は明らかに無実であると確信しているし、それだけの根拠を示すことができるとも思っている。

この事件では取調べ段階の自白が大きな問題となっていて、私はこの自白に関する鑑定書を提出している。そんな縁で、弁護団から一度奥西さんに直接会って、話を聞いてもらったほうがいいのではないかと勧められて、名古屋拘置所に出向くことになったのである。奥西さんは、この国家においては、五人もの人間を毒殺した大犯罪人であり、確定死刑囚である。そしていま、名古屋拘置所にいる。死刑囚にとって刑罰は死刑の執行であるから、刑を務める場所である刑務所ではなく、拘置所にいるのである。そして死刑執行できる施設も拘置所に設置されている。

制度の暴力

拘置所からの面会許可が出て、名古屋に出かけたのは、七月初めの暑い日だった。小さな接見室で弁護人と一緒に待っているところに、姿勢を正した奥西さんが看守に連れられて現れた。事件のとき三六歳だから、そのときはもう八二歳。確定死刑囚というその身分を横において対面してみれば、ただのおじいちゃんなのだが、現実には、透明なアクリル板で隔てられ、制服を着た看守が横に座っていて、奥西さんが私たちとまったく違う立場にいることを、否応なく思い知らされる。

そもそも私は、京都から新幹線、地下鉄を乗り継いで最寄り駅まで来て、夏の日差しのなかを拘置所の検問をくぐり、ここに座っているのだが、面会が終われば、もちろんまた新幹線で自宅に帰る。しかしアクリル板の向こうに座っている奥西さんは、もう何十年もこの拘置所の狭い部屋で、死刑執行の恐怖におびえながら過ごし、いまはたまたま看守に呼び出されてこの面会室に座っている。そして面会が終われば、クーラーもない蒸し風呂のような狭い部屋にふたたび戻ることになる。

そのどこにも「暴力」の影は見えない。しかしもし奥西さんが、私の信じるとおりに無実だとすれば、まさに拘置所という強大な制度の檻に囚われ、やがては絞首台という文字通りの暴力装置に送られるかもしれないのである。それは生身の身体による直接的暴力よりもさらに暴力的な状況かもしれない。

ただ、そこには加害者の姿は見えない。言ってみれば、それは制度の暴力である。国家の定めた合法的手続による合法的拉致と言ってもよい。その種の暴力が、じつは私たちにとってもけっして無縁のものではない。

（二〇〇七年一〇月）

のちのちの記4

名張毒ぶどう酒事件は、本文中でも書いたように、二〇〇五年にその第七次再審請求でいったん開始決定が出たのに、検察側からの異議審で、翌年、開始決定が取り消された。その取り消し決定では、私自身の鑑定書が裁判所に手ひどく批判された。裁判官たちは重罪事件で自白があれば、よほどのことがない限り、その自白を信用してしまう。ただ、それでもまだ鑑定書を取り上げて批判してくれただけマシ。以前に袴田事件の自白を鑑定したときなど、裁判所は、そもそも自白の信用性は裁判官の「専決」事項であって、外部の専門家がとやかく言う話ではないとして、ほとんど門前払いだった。自白の問題は法曹内部で判断するべき問題で、鑑定にはなじまないというのである。しかし、実際のところ、これまで裁判所は自白の判断を誤ったためにどれほどの冤罪を繰り返してきたことか。真摯にその現実を見るべきではないのだろうか。無実の人が虚偽の自白をするということが現実にある。それはまさに「人間の心理現象」なのである。その心理現象を解明する努力をすることなくして冤罪を防ぐことはできない。

こんなことを考えながら、裁判所への反論執筆に没頭するなかで書いたのが、この稿であった。おかげで、その気分を離れることができず、子どもの世界の話をする連載なのに、少々本題からはみ出しすぎたように見えるかもしれない。しかし、ここであらためて思うのは、子どもの世界もまたおとなの世界と地続きだということ。社会の公正を見守るべき場所としての裁判所が、冤罪のような「制度の暴力」を見逃し、それどころかその制度的暴力の巣窟とさえ思えてしまう現実があるとすれば、それを正すことのできないこの社会が、子どもにとっても生きやすい場であるはずがない。

ちなみに、名張毒ぶどう酒事件は二〇一四年のいま、第八次の再審請求審に入って、なお再審開始の見通しは立たない。奥西さんはその後すっかり衰弱して、何度か危篤の状態に陥りながら、どうにか生きながらえて、いま八九歳である。なんとか生きているうちに再審無罪をと思うのだが。

5　暴力と気づかない暴力

国家による「合法的」暴力

「制度の暴力」は、ときに生身の身体による直接的暴力よりも暴力的である。そのもっとも分かりやすい例が冤罪の暴力である。

名張毒ぶどう酒事件の奥西勝さんは、無実でありながら犯人と間違われて囚われ、裁判では死刑の判決が下されて、獄中の四十余年を、死刑の恐怖にさらされて生きてきた。あるいは袴田事件の袴田巖さんもまた、同じように獄中四〇年を越え、その長い拘禁生活のなかで、明日への展望を失って、精神の平衡を保てなくなっている。

いや、数ある冤罪事件のなかには、法の名の下にすでに死刑が執行されてしまった事件もある。戦後闇ブローカーが暗躍していた時代に、福岡で起こった強盗殺人事件である。首謀者と目された西武雄さんが死刑判決を受け、これが確定したのが一九五六年、そののち仏教者であった故古川泰龍師が長らく再審救援活動を続けてきたにもかかわらず、一九七五年に死刑が執行された。古川泰龍師が亡くなられたあと、長男龍樹師が引き継いで再審請求に向けての救援活動を続け、いま戦後最初の死刑執行後の再審請求事件として、福岡地裁で審理が進められている。

これらの事件は、いずれも国の法律に基づき、合法的な手続で裁かれてきた。合法的であるという意味では、暴力の対極にある。しかしその結果は無実の冤罪者にとって暴力そのものという以外にない。

もちろん、ほとんどの場合、それは誰かが意図して無実の者を陥れたのではなく、どこかで間違ってしまった過誤ではある。だからこそ再審を請求して、ふたたび法の審理の土俵に乗せ、それまでの間違いをただそうとすることもできる。ただし、再審の扉を開くことは、「針の穴にらくだを通す」の比喩で語られるとおり、やはり難しい。結果としてその間違いはあばかれないままに、暴力が暴力でありつづける。そして、なかには法の名の下に無実の人が絞首台で殺されるという究極の暴力で終わる例もある。

冤罪は、それと気づいてみれば、暴力性がきわめて露骨で、簡単に脳裏から拭い去ることができない。私など、もう三〇年もこの世界にはまり込んで、もはや抜けようがない。にもかかわらず、そこでは加害者の姿が具体的なかたちをとって見えないがために、一般の多くの人はそれを暴力と気づかない。

困った本を書く困った人

冤罪（制度の暴力）は構造的暴力のもっとも分かりやすい具体例である。その意味で、まずはこの話をしてきたのだが、私がここで強調したいと思っているのは、この冤罪よりもさらに不正義のかたちが見えづらく、隠微で、だからこそ私たちのなかに広く忍び込んでいる「暴力」である。

昨年（二〇〇六年）の六月、奈良県で有数の進学校に通っていた高校一年の少年が、早朝自宅に火を放って逃走し、寝ていた母と弟、妹の三人が焼死するという事件が起こった。この事件については前々回（3）に少し触れたのだが、二〇〇七年の五月になって、これを題材にした草薙厚子氏の『僕はパパを殺すことに決めた』（講談社）が出版された。しかしこの本の刊行には相当に問題があった。しばらくして東京法務局は、この本が関係者のプライバシーを著しく侵害し「報道・出版の自由として許容される限度を明らかに侵害している」として、著者、出版社に対して被害回復、被害拡大の防止を勧告した。

私自身、これを読んで、困った本が出てしまったものだと思った。そこには少年の供述調書や精神鑑定書の内容が大量に引用されていて、プライバシーへの配慮はほとんど見られない。少年の祖父が人権を侵害されたとして草薙氏らを訴えたのも、もっともと思わざるをえない。

その後、著者の草薙厚子氏がこの供述調書などをどのようにして入手したのかが問題となり、おおいにマスコミを騒がせることになった。そして一〇月には、少年の精神鑑定を行った京都の精神科医が秘密漏示容疑で逮捕されるという異例の事態に発展した。この種の事件で警察が強制捜査に乗り出すことは、最近ではほとんど例がない。

この本の出版をめぐって、一方で報道・出版の自由や知る権利が主張され、他方で個人のプライバシーを侵す危険性が叫ばれる。こうした構図は、これまで何度となく繰り返されてきたのだが、私が気になったのは、そのこと以上に、草薙氏が警察の取った供述調書を、そのまま少年の事実であるかのように引用し、事件をきわめて一面的に再構成したことである。

供述調書は、取調べのなかでの少年のことばを忠実に写し取ったものではなく、むしろ少年のことばを手がかりに捜査側の組み立てた物語でしかない。これを無批判にそのまま引用することが、事実をどれほどゆがめ、少年の姿をどれほど誤解させてしまうか。草薙氏は、そのことに対してまったく無警戒である。

少年事件に限らず、刑事事件の取調べや裁判でどういうことが行われているかを、人々に広く知ってもらうことには意味がある。私自身も、世間の目に触れることのない供述調書類を、プライバシーを侵さない範囲で、あれこれと引用して書物として公刊してきた。

そうしなければ現在の刑事捜査の問題がいっこうに改善されないまま、多くの不幸を生み出しつづけることになるからである。

しかし草薙氏の今回の本は、興味本位の暴露趣味ばかりが前面に出ていて、そこには刑事捜査の現状への問題意識も、この少年の引き起こした事件の時代的・社会的背景への批判意識もうかがわれない。こんな本では、報道・出版の自由を掲げてなんとか守ろうという気持ちにはなれない。

とくにこの奈良の事件では、事件後の鑑定で少年は広汎性発達障害と診断され、このことも話題を呼ぶことになった。犯罪や非行と発達障害との関係がいろいろ議論されるいま、この種の事件を正確に伝える必要性は高まっている。しかし批判意識の欠如した安易な取材で描かれた暴露物語からは、真に知るべき子どもたちの情景は立ち上がってこない。

少年が放火し母や妹弟を焼死させたことはまさに暴力である。しかしこの生身の人間の犯した暴力の背後に、この暴力を生み出したもう一つの暴力があることを見なければならない。問題はそこにある。

（二〇〇八年一月）

のちのちの記5

この回の原稿を書いている最中に、拘置所から分厚い手紙が送られてきた。殺人罪で起訴され、懲役一六年の刑を受け現在控訴中という男性。「私は無実だ」という自分の主張が真実であることを心理学で鑑定できないかという。平凡にすぎる私たちの日常の陰で、いろんな人がいろんな辛苦を抱えて生きている。

事件の依頼の多くは弁護人を介してくるのだが、ときに直接、こんなふうに拘置所に収監された被告人本人から依頼の手紙がくる。私の書いた本を読んで、その出版社を介して手紙が届くこともある。藁にもすがるということなのだろう。私もこういう手紙がくると無視はできず、かといって被告人の本人と直にやりとりすると問題がややこしくなることもあるので、担当の弁護人に連絡を入れて、どうするかを判断している。それにしても依頼事件が多くなると、一人では担いきれない。それで、これまで何人もの知り合いに事件を回して、やってもらってきた。おかげで「関西自白研究会」という研究会もできて、定例会を開けるようになった。

今回の稿で触れた福岡の強盗殺人事件についても、この研究会のメンバーと一緒に分析作業を行って膨大な鑑定書を裁判所に提出した。しかし、これもまたほとんど門前払いで、再審請求は棄却された。裁判官たちは、おそらく私たちの鑑定書をまともに読んでいない。読んでちゃんと批判してくれればまだしも、何らの応答もないことが、なんとも空しく、悔しい。

袴田事件は、その後、二〇一四年になって、犯行時の着衣とされた衣類に付着した血液のＤＮＡ鑑定から、警察による証拠偽造が疑われるとして、静岡地裁は再審開始の決定を出し、同時に袴田さんの身柄を釈放した。裁判所の画期的な英断である。「裁判所は」というように一括して記すことが多いが、裁判官にもいろいろな人がいて、ときに素晴らしい人物もいる。しかし、残念ながら、それはまれで、多くは右顧左眄《うこさべん》の日和見か、ごりごりの形式主義者で、一生のうちに一度も無罪判決を書いたことのない裁判官も相当にいるはず。袴田巖さんは、今回は裁判官に恵まれた。しかし、それまでの四九年間、いっこうに裁判官に恵まれないまま、その長すぎる獄中生活のあげく、重篤な拘禁性精神病の状態に陥って、釈放された彼の顔に笑顔はなかった。その様子をテレビで見て不思議に思った人も多いかもしれない。

6　世間ぐるみの大きな誤解

光市母子殺害事件裁判の陰で

二〇〇七年の暮れ、ある出版社の企画で「光市事件裁判を考える」という座談会に参加した。光市事件とは、一九九九年四月に山口県光市で起こった母子殺害事件。ここ数年、マスコミで大きく取り上げられて、知らない人がほとんどいないくらい有名な事件となったが、じつのところ、私たちはこれを「本当の意味で知っている」と言えるかどうか。そこが問題である。

検察官の起訴事実によれば、加害者の少年は「被害者（二三歳）を強姦しようと計画し、被害者宅に排水検査を装って入り、暴行を加えたものの、被害者が大声を出して激しく抵抗したため、殺害して姦淫しようと決意し、被害者の首を両手で強く絞めつけて窒息死させたうえ、姦淫した。その際、激しく泣き続ける被害児（生後一一ヶ月）に激昂して殺害を決意し、被害児を床に叩きつけるなどしたうえ、首に紐を巻き、その両端を強く引っ張って絞めつけて窒息死させた」という。

このとおりならば、とんでもない事件である。裁判所は第一審も第二審も無期懲役の判決を下したのだが、被害にあった母子の夫Mさんは、納得できず、検察もまた死刑を求めて最高裁に上告した。

上告されて三年余り後、二〇〇五年一二月に最高裁は弁論を開くことを決定して、その弁論期日を弁護人に通知した。最高裁が死刑事件以外で弁論を開くケースはまれで、弁論を開くということは検察側の上告を受け入れて、前の判決を見直そうとしていることを意味する。最高裁からこの知らせを聞かされた弁護人は慌てた。

一八歳未満であれば、少年法の定めによって死刑にはできない。本件少年は犯行時、その一八歳をわずか一ヶ月過ぎたばかりであった。それでも、これだけの悲惨な事件を引き起こした以上、重罪は免れない。しかし、そのうえでこれまでの判例等から見て、やはり無期懲役にとどまるのではないかと考えられていた。それゆえ弁護人は事実を争うことなく、情状の弁護に徹した。裁判で事実を事細かに争えば、かえって情状を悪くしてしまうと考えたのであろう。

しかし最高裁が死刑をも念頭に入れて再検討しはじめていることが明らかになった以上、弁護のあり方を考え直さざるをえない。そこでこの種の死刑事件に詳しい弁護士に、新たに弁護を依頼し、証拠関係を最初から検討し直したところ、そもそもこれまでの裁判で認められてきた事件の筋書が実際とは違っているのではないかという、恐るべき疑問が浮かび上がってきたのである。

そこで新たな弁護団が組まれ、上告審に向けて本件の事実そのものを争うことになった。ところが、このことが大いに世間のひんしゅくを買うことになる。そして最高裁は二〇〇六年六月のそれまでの無期懲役判決を破棄し、広島高裁に差し戻した。上記の座談会は、この差戻審の進行中に行われたのである。

謝罪追及が真実をゆがめる

世間は、検察側が主張し裁判所が認めてきた犯行の筋書を、マスコミの大報道の流れのなかで、真実と思い込んできた。夫のMさんがテレビでこの事件の残酷さ、非情さを訴える、その痛々しい姿もまた多くの人々の心を捉えてきた。それに少年自身に、反省してちゃんと謝罪する姿勢が見られないとの報道も、人々の憎悪をあおることになった。

こうしたなかで弁護団はそもそも事実が違うと主張しはじめたのである。この新たな主張に、何をいまさら、とほとんどの人が反発した。先日（二〇〇八年一月）、大阪府知事選で勝利した橋下徹弁護士などは、新弁護団が新たな主張をはじめたことについて、弁護士倫理にもとるとして懲戒請求をするようテレビで視聴者に訴え、弁護士会に何千通もの懲戒請求が提出されるという異常な事態が作り出された。

こうした騒ぎのなかで、刑事弁護専門の出版社から、この事件の裁判をもう少し冷静に見るために座談会を開きたいので参加してほしいとの要請があったのである。

私自身、光市母子殺害事件をしっかり追って情報を集めているわけではなかったが、その犯罪報道の過熱ぶりには警戒心を抱いていたし、橋下氏の弁護士懲戒請求への扇動には大いに違和感を抱いていた。その一方で、弁護団の新たな主張が、少年の未熟さを強調したことはともかく、本件の根元には「母胎回帰幻想」があるとか、死姦は「再生の儀式」だったなどという議論を立てたことについて、納得のいかない気持ちを抱いていた。

ただ、捜査過程で聴取され裁判で真実と認定された事実が、じつは実際と異なるとの弁護団の主張については、十分にありうることだと懸念してきた。そして当の座談会で弁護団のメンバーから直接に話を聞いて、その懸念がほぼ現実のものだったと確信することになった。

裁判で認定された犯行筋書は、取調べにおける少年の自白によるという。しかしその自白が、本件の物的証拠、とくに遺体の状況と合致しないのである。たとえば、一歳にならない赤ちゃんを床に叩きつけたというのだが、その赤ちゃんの頭蓋には何らの傷もない。母親の遺体の状況も、首を両手で強く絞めて殺したという自白とはうまく合わない。これはいったいどういうことなのか。

日本の取調べは正確な情報収集より謝罪追及に重きを置く。とくに陰惨な結果を見せつけた本件のような事件の場合、取調官自身が犯罪への憎悪に燃えて、謝罪を強く求める。それに対して被疑者が、「たまたまそうなった」とか「最初からそうするつもりはなかった」と、事件結果の重さに見合わない弁解をすれば、それが事実であったとしても、「ほんとうにその程度のことだったのか？」「最初からやるつもりだったのだろう？」と問い詰め、それを認めなければ取調べが終わらない。被疑者はそうして罪の重いほうに重いほうにと引き寄せられることになる。

本件少年は、中学生時代に女友だちと軽いキスをしたことがあるという程度で、まだ性的経験のない子どもだった。その彼がはたして最初から強姦の意図を持ち、抵抗を受ければ殺してでもやろうと思っていたのか。そこにも相当の疑問がある。

裁判の基礎たる事実認定のもっとも基本的なところに過ちがあるとすれば、そして情状が悪くなることを恐れて弁護人がこの事実を争わなかったとすれば、いったいどうなるのであろうか。少年の犯した暴力は、たしかに報いを受けなければならない。しかし、国家の暴力によって不当に罰せられることがあってはならないし、マスコミや世論の暴力によって過剰に裁かれてはならない。その危険を、私たちはどこまで意識しているのだろうか。「世間ぐるみの大きな誤解」。そんなことばが私の頭にはりついて、離れない。

（二〇〇八年三月）

のちのちの記6

身のまわりだけを見て生きているときには気づかないのだが、ひょっとして世の中は誤解と錯覚で成り立っているのではないか、そう思うことがある。誤解なら誤解、錯覚なら錯覚で、それに気づかないでいる方が楽かもしれないのだが……。それでも知りたい、知らなければならないと、暗中模索の日々を送っている。実際、一番こわいのはみんなが錯覚してしまうこと。みんなが錯覚してしまえば、錯覚していることに誰も気づかず、錯覚のまま世の中が進んでいく。

光市母子殺害事件について、その後、弁護団からの依頼により、元少年の自白の供述分析を行うことになる。その結果は、本稿で予想したとおり、元少年は逮捕されてすぐに本件犯行を認め、自白したものの、当初は、被害者宅を訪れたのは偶発的なことで、あらかじめ強姦の意図はなかったし、まして殺害の意図もなかったと主張していたことが明らかになる。しかし、捜査官は元少年のその弁明をきちんと供述調書に録取せずに、これだけの大事件をやったのに、まだ弁明するのかとばかりに、事件は計画的で、最初から強姦の意図があったのだという筋書を強引に飲み込ませていったのである。そして供述調書に録取されたのは、この飲み込まされた自白だけ、当初の元少年の弁明は断片的に散在しているのみで、明文化したかたちでは残されなかった。

しかし、元少年の自白の変遷を追い、家庭裁判所の記録、その後の公判廷での元少年の供述を追っていけば、その背後に、その表向きとは異なる実際の姿が浮かび上がり、それによってはじめて元少年の供述の全体が整合的に理解できる。元少年は、けっしてマスコミで言われてきたようなモンスターではなく、ただ厳しく不遇な子ども時代を送った一人の少年にすぎない。彼の犯行はもちろん許せないが、しかしこれを死刑に処してすませられるような事件ではない。

それにしても、この鑑定書もこれまでと同様、Ａ４版で二〇〇頁にも及ぶ膨大なものになった。これを最高裁に提出したのが二〇〇九年。鑑定の結果は、私のなかではこれ以外にないという確信にいたるものだったが、裁判所がしっかり読み込んでくれるかどうか、それが問題だった。そして案の定、最高裁は私の鑑定書を一顧だにしないまま、上告を棄却し、元少年の死刑が確定した。世論に流されたまま、事実に忠実であろうとする姿勢を、最高裁もまた失っているように、私には思える。

その後、弁護団は二〇一二年に再審請求を起こしている。元少年がとんでもない事件を起こしたことは間違いないのだが、その事件についての事実認定が間違っているとすれば、この請求は当然のことである。ただ、一般的に見て、この再審請求が認められる見通しはきわめて厳しいと言わざるをえない。

7　あらためて「暴力」とは何か

ここまで「構造的暴力」ということを意識しながら、いくつかの事例を見てきたのだが、この「構造的暴力」そのものについては、まだ十分に語ることができていない。そこであらためて「暴力」とはいったい何なのかを考えて、問題意識を整理してみたい。

辞書で引いてみると

ことばの意味を考えようとするときの常套手段は、辞書を引いてみること。よく分かっているつもりのことばも、それを知らない人に白紙から説明しなさいと言われると、けっこう難しい。辞書作りというのはその困難な仕事をやっているのだが、そういう目で辞書を見てみると面白い。実際、国語辞典もたくさん種類があって、それぞれ個性がある。

たとえば、定番の『広辞苑』で、試みに「恋愛」ということばを引いてみると、「男女が互いに相手をこいしたうこと。また、その感情。こい」とある。字数の制限もあるのでやむをえないが、あまりに味気ない。日本語を習いはじめた外国人ならば、これでも分かったということになるのだろうが、日本語をふだん使っているものにとっては、ただの言い換えで、何の発見もない。

これに対して、個性派で有名な『新明解国語辞典』はなかなか面白い。この辞書の「恋愛」はこうだ。「特定の異性に特別の愛情をいだき、高揚した気分で、二人だけで一緒にいたい、精神的な一体感を分かち合いたい、出来るなら肉体的な一体感を得たいと願いながら、常にはかなえられないで、やるせない思いに駆られたり、まれにかなえられて歓喜したりする状態に身を置くこと」。

これが辞書の説明かと思うほど人間味がある。人が人に恋焦がれる思いやその切なさがしっかり具体的に書かれていて、しかもなにかしらコミカルなニュアンスがにじみ出ている。恋愛に関心を持ちはじめた思春期の子どもたちがこれを読めば、どういう気持ちになるのだろうかと、想像するだけでおかしくなる。

それはそれとして、本題の「暴力」である。『広辞苑』を引くと、「乱暴な力、無法な力」となっていて、これもまたそっけない。そこで『新明解』を引いてみるとこうある。「たいした理由も無いのに人を殴ったり、反対意見をおおぜいの力で抑圧したりするような、乱暴な行為」。「恋愛」の項ほど味わいはないが、それでも考えさせられるところがある。この説明中の「人を殴る」とか「乱暴な行為」というところは、「暴力」を言い換えただけでそれ以上のものではないのだが、面白いのはその前についた「たいした理由も無いのに」とか、「反対意見をおおぜいの力で抑圧したりするような」とかいう修飾句である。これがついたことで、直接目で見える暴力にとどまらないイメージが広がる。

「暴力」という理不尽

まず、「たいした理由も無いのに」と書かれている部分。たしかに正当な理由のある力の行使は「暴力」と言わない。外科医が人の身体にメスを入れたり、警察官が現行犯を取り押さえたりすることは暴力ではない。裏返して言えば、正当な理由なく誰かから力を行使され、被害を受けたときにはじめて、それが暴力となる。

ただし、ここで「たいした理由も無いのに」というのは、被害者の側から見てのことである。加害者の側がどれだけ「これこれの理由で」と正当化しても、被害者にとってそれが「理不尽」であるかぎり、暴力性は否定できない。たとえば知人から強姦された被害者、夫からDVを受けた女性、親から虐待を受けた子どもなどなど。相手がどう言おうと、当人にとってその被害は理不尽そのもので、かつその暴力ははっきり目に見えるかたちで行使されている。

一方、冤罪事件などになると、理不尽であることは同じだが、その暴力性が直接目には見えない。名張毒ぶどう酒事件の奥西さん（4）は死刑囚として半世紀近く囚われて、いまなお獄中にいるし、福岡強盗殺人事件の西さん（5）は獄中で二八年を過ごした後、すでに絞首刑にかけられて殺されている。これが冤罪であれば、彼らはとんでもなく「理不尽」な被害を受けたことになるし、その暴力性も明らかである。しかし、そこには加害者が見えない。

それに、彼らに死刑判決を下した裁判官たちは、その判決に十分理由があると思って譲らないし、その死刑の命令は法によって制度的に確定している。世間でもまた、ほとんどの人が、まさか間違いはなかろうと思い込んで、彼らの声に耳を傾けることがない。そこには当事者の「反対意見をおおぜいの力で抑圧」するという構図ができあがっている。自分はやっていないという主張は、社会のなかの圧倒的少数派の反対意見として、無視され、封殺される。これは言ってみれば、加害者の見えない「制度の暴力」である。

あるいは光市母子殺害事件の場合（6）は、少年がとんでもない殺人事件を起こしたことはたしかだが、その事件にいたる経緯が実際とまったく違っていたという。目に見える直接的な暴力を振るった少年が、逆に捜査―裁判の、目に見えない制度の権力に囲い込まれ、マスコミの渦に押し流されて、自分の実像とは違う残忍至極の犯人を演じさせられ、死刑台の前に追い詰められている。もしそうであるなら、それはやはり理不尽だし、「おおぜいの力で抑圧」される暴力にさらされていることになる。そこには「制度の暴力」に加えて「マスコミの暴力」が加重している。

三つ目の暴力

ここまでのところで具体例をあげながら考えてきた暴力は、第一に、特定の個人が特定の個人に目に見えるかたちで加える暴力であり、そして第二に、冤罪事件のように、組織や制度、マスコミなど、個人として特定できないものが加害者になって、特定の個人に加える暴力であった。そしてこのうえに第三の暴力がある。そこでは加害者のみならず被害者も、誰それという個人として特定できない。それがここで考えようとしている「構造的暴力」である。

たとえば誰が手を下したわけでもないのに、年間に三万人を超える人たち（二〇〇八年当時）が自死している。その背景に社会的な構造の歪みがあるとすれば、それは一種の暴力というべきではないか。そうした構造的な暴力が、いま子どもたちの世界をもおおっていないかというのが、ここでの中心テーマである。

（二〇〇八年五月）

のちのちの記7

「暴力」ということばは、ちょっときついし、刑事事件と絡むとおぞましい。あるいは警察や軍隊を国家の「暴力装置」などと言えば、まことにきな臭い意味合いが漂う。しかし、「暴力」と言わざるをえない「理不尽」さが、私たちのまわりに幾重にもはりついているのも、また現実である。

冤罪事件に付き合いはじめて、私自身、もう半世紀近くになるのだが、ほぼすべてが弁護側からの依頼によるもので、警察・検察の捜査の問題、裁判官の判断の問題を取り上げてきたために、とりわけ警察や検察からはまるで敵のように思われてきたところがある。この連載をしている時期は、まさにそうだった。ところが、それから数年たったいま、この警察・検察から私のもとに講義の依頼がくるようになっている。最近は年間に一〇回以上、警察学校や警察大学校で「虚偽自白の心理学」を現場の捜査官たちに教えている。

冤罪の「理不尽」がなぜ実際に起こってしまうのかを、その当事者たる捜査官たちにもしっかり知ってもらうことが、まずは大事。と言っても、こちらがそう思うだけで、警察・検察からは相変わらずずっと敵のままだったのだが、足利事件（あとの**14**参照）で有罪の決め手とされていたDNA鑑定に誤りがあることが判明して再審無罪になってから、風向きが変わってきた。この事件に巻き込まれた菅家利和さんは、任意同行での取調べ一日目で自白に落ちて、翌日から詳細な犯行筋書を語っていたのだが、DNA鑑定という物的証拠でもって無実の人だということが明らかになってみれば、当初の自白は虚偽の自白だと言わざるをえない。これまでも無罪事件で自白が問題になることはあったが、捜査側はそのとき、裁判所が真実を見抜けずに無罪になっただけで、ほんとうはやはり被告が犯人で自白は信用性があると主張し続けることができた。ところが、足利事件は文字通り物証上、菅家さんが犯人でないことが証明されたようなもので、したがって彼の自白は虚偽としか言いようがない。そのことを捜査側も認めざるをえなかったのである。それで、「では、なぜ無実の人が虚偽の自白をするようなことが起こるのか」を警察・検察も真剣に考えざるをえなくなり、私のところにお呼びがかかることになったというわけであろう。

かくして現場の警部とか警部補とか、いかめしい人たちを前に講義をすることになったのだが、そこで、無実の人にとっては捜査官の取調べがいかに「理不尽」になりうるかを説く。そうしてはじめて理解してもらえるところも出てくる。これによって取調べの「理不尽」がどこまで解消するかは分からないのだが、まずは、おかげさまで私の講義も評判が悪くないようだ。

8　構造的暴力と学校

私たちが生きているのは、直接的に言えば、自分が身を置いているこの場であり、そしてせいぜいそのまわりのほんのわずかな空間でしかない。しかし、いまの時代は、私たちの生活がその範囲で閉じない。

「風が吹けば……」の現実

食卓に上る料理にしても、都市生活の私たちの場合、その食材はどれ一つとして自分が生産したものではなく、あちこちの生産地からやってくる。国の範囲を越えて、考えられないほど遠くからやってきているものも少なくない。夕食で酒の肴にするタコが、聞いてみると西アフリカ産だったり、子どもたちが喜ぶエビがフィリピンの養殖だったり、そればかりか、日本食の典型と思っているうどんでさえ、原料の小麦は大半がアメリカやオーストラリアからの輸入だというから驚く。

世界の流通市場が広がったことで、たしかに私たちの食卓は、それだけ多彩な食材で満たされ、豊かな食事を楽しめるようになった。しかし一方で、それは現地の安い労働力の犠牲のうえに成り立っているし、大規模な食糧ビジネスの経営戦略に乗っかったものでしかない。そのためオーストラリアが大旱魃になれば遠い日本にも波及して、小麦価格が高騰する。石油をめぐる投機市場が揺れて、トウモロコシをはじめとするバイオ燃料の開発展開が進められ、その結果として穀物市場が混乱し、穀物ばかりか牛肉や牛乳などの価格まで高騰して、これが私たちの身近な台所に響く。私たちの生きているこの小さな世界が、グローバリズムと呼ばれる世界規模の市場に簡単に左右されてしまうのである。

そういう様子を見ていると、まるで「風が吹けば桶屋がもうかる」を地でいっているような気分になる。と言っても、いまではこの噺を知らない人も少なくない。私のうろ覚えで言うと、こういうことである。風が吹けば砂ぼこりが舞い上がって、目を傷める人が増え、目が見えない人が増えれば、三味線ひきが増え、三味線がたくさん売れれば、三味線に使う猫の皮がたくさん必要になって、猫が捕まえられ、それで猫が減れば、ねずみが増え、ねずみが増えれば、ねずみが桶をかじって、桶屋の注文が増える。

「風が吹けば……」というのは、論理をなんとかつないだ話であるようでいて、じつは迂遠で、飛躍がありすぎて信用ならないという意味の警句だった。しかし考えてみれば、いまはそうした迂遠な飛躍の事態がむしろ文字通りの現実になっている。しかも、いったんもうけを味わった「桶屋」は、それに気づいてなおそのうまい地位を手放そうとはしない。

生を支えるはずの構造が生を脅かす

私たちの小さな生活が、世界規模の大きな社会的構造によって左右される。いや世界規模とまでは言わなくとも、少なくとも国の単位での社会的構造が私たちの生活のありようを大きく動かしていて、これに抗うことが難しい。いまはそういう時代、だからこそ、それだけ構造的暴力が広く深くはびこる。

暴力は、これを受けた人たちにとって「理不尽」なもの。そうでなければ暴力と言わない。構造的暴力もまた、理不尽だからこそこれを暴力と呼ぶのだが、そこには個人的暴力とは異なる複雑な状況がからむ。というのも社会的構造というのは、人がそこに入り込むことで自分の存在を成り立たせているわけで、その意味で人はその構造に支えられてもいるからである。支えられ、それを利用しているようでいて、じつのところはそれに縛られて、場合によっては挙句に自死にいたることすらある。そうしたダブルバインド状況（正負の両面が絡んだ拘束関係）のゆえに、社会的構造が暴力的に働くのである。

たとえば、学校は子どもの育ちを支える大事な社会システムだが、一方でこのシステムの生み出した学歴構造が子どもと親を巻き込んで、ひどく子どもたちを苦しめる現実がある。このことをちゃんと見つめれば、はたして学校がどこまで子どもの育ちを支えるものになっているのか、そうとう怪しいと言わざるをえなくなるのだが、学校を離れて生きる選択肢のない現状では、ほとんどの人が、この社会的構造に問題があることは分かっていても、その暴力性に目をつむって、とにもかくにも自分たちがこの社会でちゃんと生きていけるためには、「学校でちゃんと勉強して、ちゃんといい大学に入って……、そうでないと将来が危うい」というふうに考えてしまう。構造的暴力というのは、こういう構図のなかで頑強に維持される。

構造的暴力という考え方は、もともと国際政治学のなかで、とりわけ南北問題に見られる貧困、抑圧、差別に対して打ち出されたものだが、このことが学校教育のうえにも現れていると指摘されたのが、一九八〇年前後の頃、「受験戦争」ということばがさかんに言われていた時代である。子どもたちは、ときにこの戦争の被害者として論じられることもあった。

そのころに比べて、いまは大学の数も増え、大学進学率も上昇して、「受験戦争」という言われ方も影をひそめているようにみえる。しかし、その後も学校の現状はさして変化していない。そればかりか、不登校やいじめなどが大きく表面化して、問題はさらに深刻化していることを否定できない。にもかかわらず、学校問題が構造レベルの問題として論じられることは相変わらず少なく、個々の教師や子どもの問題にすりかえて、教師の資質の向上や、子どもの規範意識の育成を声高に叫ぶ人々ばかりが目立つ。

いじめ論なども、もう二〇年ものあいだ、あれこれと議論されながら、これを学校という社会的構造の問題として論じるという視点がやはり弱かったのではないかと、いまさらにして思う。たとえば単純なところで言えば、学校制度がわが国にできて百四〇余年、その学年制の組織が子ども集団のありようを大きく動かしてきた。そして現在、少子化によるきょうだい数の減少、地域集団の衰退とあいまって、子ども集団は完全に同学年・同年齢の輪切りになって、異年齢の子ども集団は「異年齢交流」を行事的に組み込まなければならないほどに例外化した。子ども集団がこんなふうに同年齢で輪切りにされたのは、おそらく人類史上初めてのことである。いま学校のいじめを論じようと思えば、子どもたちがみな同一年齢の枠のなかに囲われて生きているというこの単純な事実の意味を考えなければならないと思うのだが、これを構造の問題として論じる議論がいまだない。

（二〇〇八年七月）

のちのちの記8

この連載をはじめたときに就いていた附属幼稚園の園長職、その任期二年間は無事に終えたのだが、再任ということで、もう一年留任となった。おかげで、年少組の三歳の幼い子どもたちから、名張毒ぶどう酒事件のように後期高齢期の死刑確定囚まで、年齢の幅も運命の幅もさまざまな人々となおしばらく付き合って、その面白さと、そして苦しさとを味わい続けながらの、この連載継続となった。一方、私の在職していた大学では、二〇〇八年の秋に「日本子ども学会」の開催を引き受け、そこで「いじめ論」をテーマに取り上げるということもあって、対症的にしか考えられないことの多いこの問題を、いま一度根元から考え直す機会を与えられることとなった。次回（**9**）以降、ここで「いじめ」の議論をはじめるのは、そうしたいきさつもあってのことである。

後日談になるが、じつは、二〇一〇年に大学を定年退職後、この連載終盤には「川西市子どもの人権オンブズパーソン」に就任して、学校のいじめ事例にさんざん出会うことになる。おまけに、二〇一二年にはいじめによると疑われる自死事案が川西市で起こって、オンブズパーソンとして調査にも乗り出すことになった。そこで気づいたのは、いじめの直接的な場面の背後に、学校という場の社会構造上の問題があるということ。国のレベルでは二〇一三年に「いじめ防止対策推進法」が施行され、文科省もそれにそって「いじめの防止などのための基本方針」を公表したが、そこでは直接的にいじめの早期発見、通報、対処・指導、処罰の方法を示し、道徳教育を強化して子どもの規範意識を育てるべく努めるというだけで、その背後の問題がほとんど意識されていない。しかし、子どもたちのあいだに〈いじめ―いじめられる〉関係を生み出してしまう学校という場の問題を、その社会構造上の問題として押さえておかなければ、およそまっとうな解決にはいたらない。

子どもは自然の賜物としてこの世に生まれてまだ数年、あるいはせいぜい十数年。その意味で、おとなよりもずっと自然に近いところで生きている。しかし、子どもはみな、おとなたちがすでに作り上げた社会のなかに生まれ育つ以上、歴史的にこの社会にこびりついた構造上の問題と無縁ではいられない。「子どもの世界」と「おとなの世界」の出会う接点に何が起こっているのか。いじめもまたその一つとして考えなければ……。

Ⅱ　世界とつながる通路

9　いじめの構図

「いじめる」という語を『新明解国語辞典』で引いてみると、「弱い立場にある者に、わざと苦痛を与えて、快感を味わう」とある。簡単な定義であるように見えるが、そのなかに踏み込んで考えてみると、話はそう単純ではない。

関係のなかの弱者

まず、いじめは「弱い立場にある者」に対して、強い立場にある者が行うものであって、対等な立場にある者どうしの場合は、そのあいだにけんかやいさかいが起こることがあっても、それをいじめとは言わない。

ここで「弱い立場にある者」というのは、単に「弱い者」のことではない。この点がよく間違われる。「弱い者いじめ」という言い方がされることがあるが、これも正確には単に「弱い者」ではなく、「弱い立場にある者」へのいじめである。腕力の強い者が腕力の弱い者と一対一で争う場合、結果として強い者が弱い者を暴力でぼこぼこにするようなことがあっても、それだけならやはりけんかであって、いじめとは言わない。

　それに対して、たとえば昔の軍隊などでは、上官が平の兵士たちを殴ったり蹴ったりする蛮行がしばしばあったという。それはいじめそのものである。なぜなら相手は立場が弱いために抵抗できないことを分かっていて、そのうえで権力をかさにきて、いたぶるからである。いたぶられる兵士の方は、腕力では相手より自分の方がよほど強いと分かっていても、逆らえない。そういうかたちでいじめは起こる。

　学校について言えば、子どもたちは個々にはたがいに対等な立場に立つ。それゆえ、強い立場にある教師が弱い立場の子どもをいじめることはありえても（いや実際に、教師が「いじめ」とは意識せずに子どもをいじめているという事態が相当あると考えたほうがよい）、子どもどうしのいじめは、原理的に言って成り立たないように見える。しかし、実際には、もちろん子どもたちのあいだでしばしば深刻ないじめが生じる。

　子どもたちは、個々に取り出してみれば、たがいに対等だが、その子どもたちが仲間関係を作り出しはじめると、そこにそれぞれの個としての強い弱いではなく、関係のなかで立場の強い弱いが生まれてくる。いじめの土壌はここにある。

　実際、学校のなかのいじめは、ほとんどの場合、複数がつるんで、個を関係の輪から締め出し、一人になったその個をいたぶるというかたちで起こる。ただし相手を完全に締め出して、集団の外に追い出してしまえば、もはやいじめの対象にもならないのだが、現実にはいくら自分たちの関係の輪から締め出しても、その相手の子どもは、不登校にでもならないかぎり、学級集団の枠から外に出ることはできない。

そうして学級の誰かが、仲間関係から一人締め出され、それでいてなお集団の外に出られないという状況ができあがる。閉じた集団のなかの、この多対一の構図が、いじめの基本構図である。一人になった個は、個としてどれほど強くても、関係のなかでは圧倒的に劣位の立場に置かれ、理不尽ないじめを受けても、これに抗うすべがない。

人を苦しめて、なぜ楽しい？

それにしても「わざと苦痛を与えて、快感を味わう」などということが、いわゆるサディストでもない人間にどうしてできるのか。

人が痛み苦しんでいる姿は、それを見るのも辛い。多くの人は、直視できなくて目をそむける。それが人間の自然な心性である。なのに、人をいじめて「わざと苦痛を与え」、しかもそこに「快感を味わう」というのは、およそ理解できないように見える。しかしよく考えてみれば、これはとくに難しい話ではない。

物事の体験には、いつも図（意識の前景）になるところと、地（意識の背景）に沈むところとがある。この図と地の分節は、もともと知覚心理学で有名なものだが、私はこれが人間の心的現象のあらゆるところに当てはまるのではないかと思っている。

たとえば「他人の不幸は蜜の味」というとき、私たちは「他人の不幸」を本当の意味で見てはいない。つまりその不幸を内側から味わっている当人の心の状況を「図」(前景)にして見つめてはいない。むしろ逆に、他人の不幸に対比させ、その部分を「地」(背景)にして、それよりは「まし」な自分たちの優位に、蜜の味を感じるのである。自分の不幸はおのずと自分の意識の「図」になってしまうが、他人の不幸は簡単に「地」に沈めて笑うことができる。

また、軍隊で兵士を理不尽に殴る上官は、殴った相手の痛みを「図」にして見てはいない。本当にその痛みを見つめてしまえば、もはや次は殴れない。それでも殴り続けられるのは、殴って痛みを与えながら、その相手の痛みは「地」に沈め、相手からはけっして反撃を食らうことのない自分の権力性を「図」にして、これに酔っているのである。

あるいは、子どもたちが学校の休み時間に一人の子を囲んで、ふざけてズボンを引き下ろそうとするとき、その仲間たちはズボンを引き下ろされる子どもの痛みと羞恥を「図」にして見てはいない。むしろその弱い立場の子どもが逆らえないままにもがき、泣き出す姿を笑って、自分たちの立場の優位性を「図」にして楽しんでいる。

いじめの場にしばしば笑いがつきまとうのは、理由のないことではない。笑われる者の苦痛を「地」にして、取り囲んだ仲間が一緒になって笑い合い、その笑いをたがいに意識の「図」に立てる。思えば、それはじつに惨めな「快感」なのだが、立場の弱い相手は反撃することもできず、この「図」は簡単に崩れない。

いじめの構図の基本は、先に述べたように「弱い立場にある者」と「強い立場にある者」との落差にある。それゆえ、ちょっとした風向きでその立場が揺らぎ、「強い立場」にあった者があるときを境に「弱い立場」に転落してしまうことも、その逆に「弱い立場」から「強い立場」に反転してしまうこともある。しかしそのような立場の反転があって、この前まではいじめられる苦痛を自らの「図」として味わわざるをえなかった者も、強い立場に立っていじめる側になってしまえば、いじめられる者の苦痛は「図」に立ち上がってこない。

こうしたいじめの構図の背後に、いまの子どもたちがほとんど同年齢集団に閉じられているという問題があるのではないかと思うのだが、その話は次回（**10**）にゆずる。

（二〇〇八年九月）

のちのちの記9

いじめが簡単に片のつく問題でないことは重々承知しているつもりだが、一方でこれまで一般的に言われてきた「いじめ論」が、あれこれかまびすしく言われているわりに、的を外しているのではないかという思いを禁じえない。たとえば、いじめは子どもたちの道徳意識が未熟であるがゆえに起こると言う人たちが多い。しかし、そのように断じる前に、「いじめ」をひとまずは一つの子どもの現象として、あるいは人間の現象として、そこで何が起こっているのかを解明することが必要なはず……。そう思ったとき、心理学の初歩的な知識として、大学一年生の教養段階で学ぶ「図と地」という概念がけっこう生きてくる。

「図と地」と言えば、すぐに下図のようなルビンの盃を思い浮かべる人が多いと思うが、これは図地反転図形という特殊な一例にすぎない。実際、図地分節の現象は人間の知覚にも思考にも、あるいは記憶や想像にもあまねく見られるもので、それこそ人間の心理現象のなかでもっとも基本的なものと言ってもおかしくない。人間の意識はいつも何かに向かっている。その「何か」が意識の「図」（前景）とすれば、その背後にその「図」を取り囲むものがあって、しかしその取り囲む周辺はとりあえず意識の対象から外れた背景、つまり「地」にすぎない。もちろん「何か」に注目してそれを「図」にしているところから、次の瞬間にはその隣の別の何かに目が移るかもしれないのだが、そのと

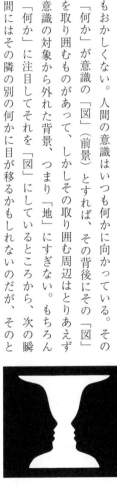

きは先に「図」だった部分は「地」（背景）に沈み、新たに目を向けたものが今度は「図」になる。そうして何が「図」になるかは、瞬時瞬時に移り行くのだが、意識の焦点になるものが「図」で、その周辺が「地」として背景に沈むというその図地分節の構図そのものは、あらゆる心理現象に通じている。

この人間のもっとも基本的な意識の構図を念頭に見れば、いじめにおいても、いじめられている側の図地分節といじめている側の図地分節が大きくずれることに気づくはずだし、そのことを念頭においていなければ、およそ〈いじめ—いじめられる〉関係の現象を理解することは難しい。しかし、その種のいじめ分析が実際のいじめ論のなかにはほとんど見られない。

いじめの場には笑いはつきもの。しかし、その笑いの現象を笑う者と笑われる者の図地分節のすれ違いとして見る目を持たなければ、いじめは理解できない。「図と地」という心理学の基本的な知識を現実の人間の現象にあてはめて理解を試みるという素朴な作業が、心理学者のあいだでも案外になされていない。それはどういうことなのだろうか。知識はただ知っていることに意味があるのではなく、それを使うことで何か新たなことが見えてくるところにこそ意味があるはずなのだけれど。

10 同年齢で輪切りにされた集団

私たちは時代のなかを生きている。いや、時代のなかにしか生きられない。この時代より以前に人々がどう生きていたのかは、遠い記憶をたどり、あるいは多くの書物をひもといて知るしかない。しかし、そうして五〇年、一〇〇年という単位の歴史の流れで見てみると、いまは私たちに馴染みになってしまって何の不思議も感じない光景が、とんでもなく奇妙に見えてくることがある。

人類史上はじめての同年齢輪切り集団

たとえば学校というところに行くと、一ヘクタールほどの小さな土地に、数十人あるいは数百人という単位の子どもたちが群がって、学び、あるいは遊んでいる。それがもう私たちには当たり前の光景になっている。しかしこれだけの数の子どもが狭い空間に日常的に集まるようなことは、歴史の目で見ても、せいぜいここ一四〇年余りのこと。それ以前にはそんな光景を目にすることは、誰にもなかったはずである。

この光景が私たちの前に繰り広げられるようになったのは、もともと国家が学校という制度を作って、子どもたちを囲い込み、教育を施して国を富ませ、兵力を強化するという人為の施策によるものであった。もとよりいまは、子どもに教育を受けさせるのが親の義務であり、子どもが教育を受けるのは子どもの権利だと言われる時代である。しかし子どもたちが数十、数百の単位で学校という狭い空間に寄せ集められ、そこで学ぶことを求められているという現実は、富国強兵と言われたころと変わらない。

それだけではない。学校制度がはじまった当初は能力に応じて集団編成が行われていたが（これを「等級制」という）、一二〇年後に「学級制」に組み換えられ、「学級」という単位に区切られた集団に、同年齢の子どもたちが集められ、そこに教師という一人のおとなが配置されて、その集団を基本に学校生活が営まれるようになった。そして「学級制」がその後の百二〇年余りですっかり定着して、いまではこの同年齢集団を超えての活動は、せいぜい異年齢交流という名の行事的な試みにとどまっている。

そうしてみれば、学校での子ども集団はほとんど「同年齢輪切り集団」である。いかにも大仰な言い方に聞こえるかもしれないが、これは見てのとおりの単純な事実である。しかし生き物の集団として見たときには、同じ年齢の子どもがこれだけ大人数集まるということ自体が、きわめて異例であり、不自然でさえある。

そもそも哺乳類のなかに、子どもだけが数十、数百の単位で集まるものは他にいない。いや人間においてさえも、これは日本でもたかだか一四〇年余りの歴史しか持たない現象である。おまけにそれが、いまは子どもという幅を超えて、一年単位の同年齢で輪切りにされているのである。にもかかわらず、私たちはそこに馴染みの光景を見て、何の違和感も覚えていない。

異年齢集団の衰微

同年齢輪切り集団は学校制度とほとんど同じだけの長さの歴史を持つ。それゆえ生き物としては不自然かもしれないが、人間の文化として定着してきたようにも見える。しかし、いまこの輪切り集団の問題性が大きく膨らんでいるように、私には見える。

学校制度がはじまって最初の一〇〇年は、学校を軸にした子ども集団以外に、子どもたちは地域の子ども集団のなかにいた。それは相当に幅の広い異年齢集団であったし、その子ども集団を囲んで異世代の網の目があって、そこに生活が繰り広げられていた。その異年齢、異世代の日常的な生活関係が、いま子どもたちの周囲で急速に衰微している。

私がまだ子どもだった五〇年前には、きょうだいが五人ほどいるというのがふつうだった。私自身、六人きょうだいの末っ子である。ちなみに母は八人きょうだいの長女、父は一一人きょうだいの末っ子である。いとこの数は七、八〇人、その年齢幅は四、五〇年にも及ぶ。当時は、これが少なくとも例外的なことではなかった。

たとえば、どの夫婦にも五人の子どもが生まれるとする。そして、ある五人きょうだいのうちの一人と別の五人きょうだいの一人とが結婚して五人の子どもをもうけ、他のきょうだいたちもそれぞれ結婚して五人の子どもをもうけたとすれば、その夫婦の下でのいとこの数は自分たちも合わせて四五人になる。人口移動の少なかった時代には、これだけのいとこ集団がほぼ同じ地域で暮らし、しかもそうしたいとこ集団がいくつも重なり合って、人間関係の網の目を張りめぐらせていたことになる。

それに対して少子化のいま、どの夫婦にも二人の子どもが生まれたと仮定して、同様の計算をすれば、その夫婦の下でのいとこ集団は六人、年齢幅は夫婦の年齢が同じならばせいぜい五、六年ということになる。おまけに人口移動の多いいまは、いとこが同一地域で生活する可能性は小さい。

いとこ関係を軸に親族集団を見るような見方は、いまの時代にはふさわしくないかもしれないが、このことは異年齢集団が昔に比べて圧倒的に衰退してきた一つの兆候ではある。学校的な子ども集団は一四〇年余り前にはじまったが、地域の異年齢集団が網の目を張っていた最初の一〇〇年は、それが子ども集団の中心軸ではなかった。ところが、異年齢集団が衰微するなかで、いまや同年齢の輪切り集団が子ども集団の中心軸である。いや、それどころか、唯一軸になっているとさえ言える。

守られるばかりの子ども

同年齢の子ども集団のなかで、個々の子どもたちは、一人ひとりが対等だと見なされる。それは当然のことであり、場合によっては、そうであることが権利でもある。しかし人は対等性だけで生きているのではない。たとえば赤ちゃんは、五歳の子どもから見ても圧倒的な弱者である。二人きりになって、赤ちゃんが泣き出せば、五歳の子どもでも何とかしなければならないと思う。そういう非対等の関係を、人は同時に生きている。

対等の関係のなかでは、人は仲間となって群れ集うと同時に競い合う。愛し合うと同時に奪い合う。それはそれで人類が繰り返してきた営みである。しかし一方で人は、非対等の関係のなかで、守り、守られるという営みをも相互に交し合ってきた。現に、貧しいアジアの国々の「子どもの情景」を写した写真には、小さな子どもがさらに自分より小さな子どもを背負い、胸に抱く姿をしばしば見る。

日本でも五〇年前にはそうした子どもの情景があって、人はそれを何の不思議もなく、馴染みの光景として眺めてきた。しかし、いまはもう身のまわりに、子どもが子どもを守る姿を見ることはほとんどない。同年齢輪切り集団が子どもたちの唯一の軸になっているこの現実が、子どもたちに何をもたらしているのかを、あらためて考えてみなければならない。

（二〇〇八年一一月）

のちのちの記10

家庭での児童虐待や学校でのいじめがマスコミで大きく取り上げられるなかで、いま「子どもを守れ」というキャンペーンがかまびすしく流れてくる。もちろん、子どもたちは弱い存在であるから、おとなたちの手で守られなければならない。それはそうだ。しかし、いま子どもたちはあまりにも守られっぱなしではないのか。子どもたちの育ちのありようを、何百年、何千年という単位で振り返ってみれば、このことはどう見えてくるだろうか。

私は、本稿執筆時で六一歳、いまはもう六七歳になった。一九四七年、敗戦から二年後に生まれた団塊の世代のはしりである。小学校年代、中学校年代を過ごしたのが一九五〇年代から六〇年代の初めである。いわゆる高度経済成長に向かう時期ということになる。そのころの子どもたちは、私もそうだったが、親から「こき使われてきた」。いや、子どもも働かなければ家が回っていかなかった。親たちは子どもが育つのを見ながら、「大きくなった」と言う以上に、「役に立つようになってきた」と言って喜び、子どもの方でもそうして役に立つことで親に喜ばれることを素直に喜んだ。

それは、たしかに貧しい時代だったかもしれない。しかし、そうして子どもが育ち、育った力を使って親たちに喜んでもらい、親の喜びを子ども自身がまた自らの自信にしていく。人が育つというのは、多くの子どもたちにとってそういうものであった。いま、子どもたちは豊かな社会に生まれ、労働から解放され、子守りから解放され、そしてさまざまな欲望をかなえられ、生活場面のほとんどをおとなから守られて生きている。それは一見、幸せに見える。しかし、人がそんなふうに育つようになったのは、わが国で言えば、たかだかこの五〇年くらいのこと。そしてこの「守られっぱなしの子ども時代」がはたして子どもの育ちにとっていいことなのかどうか。

ひねくれもののようだが、じつのところ、私にはそのことが気がかりである。

11

生老病死と子どもの生活世界

いま子どもたちは「同年齢輪切り集団」のなかにいて、異年齢での日常的なつきあいがほとんどない。そのためにどの年齢段階の子どもたちも、もっぱら家族というシステムに守られ、あるいは学校というシステムに囲われて、ほとんど同年齢どうしで仲間を作り、そのなかで遊び、学び、そうして結び合い、避け合い、あるいは競い合い、争い合う。

もちろん、すぐ上の学年、すぐ下の学年ならば、課外活動などで先輩―後輩として出会う機会はある。またきょうだいがいれば、もう少し幅のある年齢差を日常的に生きることにもなる。しかし、それもまた限られた経験でしかない。年齢幅の開いた子どものあいだで、大きな子どもが小さな子どもを日常的に守り、小さな子どもが大きな子どもに頼るという関係がいまはない。その結果として子どもたちは誰かを守ることで自分の存在の意味を確認する機会を失っている。

子どもどうしのあいだで〈守る―守られる〉をいう関係を重ねながら、世代間の伝達が行われていくというかたちは、すでに長く途切れ、むしろそうした関係がないことが当たり前に見えるようになった。しかし子どもたちを囲むこうした構図が、じつは相当にいびつなものではないのか。

世代間の関わりの希薄化

問題はこれにとどまらない。親と子のあいだで行われるべき「生きるかたち」の伝達も、いまは昔と大きく異なっている。

たとえば「親の背中を見て育つ」というような関係は、もはやごく一部の職業を除いて、実質的になくなったと言わなければならない。かつては農業や林業、漁業などの仕事に限らず、職人の仕事でも、商人の仕事でも、あるいは武家の仕事でも、親の仕事を引き継いで生きることが子どもたちの当然の宿命で、言ってみれば「親の背中」に自分自身の将来の生きるかたちがはっきり見えていた。しかしいまは、親子のあいだにそのような関係を望めない。

それどころか、昨今の技術の進歩、とりわけＩＴ関係の技術開発の結果、子ども世代のほうがその技術をすばやく吸収し、体得して、その点で親世代よりも一歩前に出ている。ときに子どもが親世代に対して教授し指導する立場に立つことすらある。つまりこの領域では、世代間伝達の流れが、子どもの世代からおとなの世代へと逆流することになる。

それでも、もちろん人間が生き物であるかぎりは、「生老病死」という生活の根幹の部分は、親世代から子世代へとちゃんと引き継いでいかなければならない。しかし、この根幹部分での世代間伝達が、いまの私たちの生活においてはずいぶん難しくなっている。

だいいち、働いて生きるという、「生」のもっとも基本的なところで、たったいま述べたように、「親の背中」が子どもに伝わりにくくなっている。ほとんどの子どもたちは親と同じ職業に就かないために、学校年代にあるときには、自分が将来どのような仕事に就いてどんな生活をすることになるかが見えない。親の生きる姿が将来の自分のモデルにはならないのである。

そんななかでも「働いてお金を稼ぐ」ということだけは、子どものなかに早くから伝わる。しかし働くことがそうして「お金を稼ぐ」というところに集約されてしまえば、「働く」ことの意味は抽象化されて、その実質的な意味が見失われてしまう。

あるいは生老病死のうちの「老」にしても、三世代家族が少なくなった現在、子どもたちは日常をともにする家族のなかで老いにじかに付き合うことが少ない。

いや、三世代家族であっても、いまの五〇代、六〇代のおじいさん、おばあさんはまだ若くて、子どもにとっては、自分を守ってくれるもう一人の親がわりであっても、自分から守ってあげなければならない存在であるようには見えない。八〇代、九〇代のひいおじいさん、ひいおばあさんくらいになってようやく、年老いて、何か面倒を見なければならないと思えるようになる。しかしそうした高齢者が同居して、子どもたちと触れ合うことは、いまはきわめてまれなことだと言わなければならない。

生きる輪郭が見えづらい

このように「老」と出会う機会が少なければ、そのぶん、さらには「病」や「死」と出会う機会も少なくなる。

長く寝込まなければならないほどの病気になると、いまはまず病院に入院する。重い病気の家族が家のなかで長らく寝込んでいるような姿はほとんど見なくなった。結果として、人が亡くなるのも大半が病院である。家族の一人が家のなかで亡くなるのを見送るということも珍しくなった。つまり病も死もいまは病院というシステムに囲い込まれている。

さらに言えば、新しい命として赤ちゃんが生まれてくるという意味での「生」も、ほぼ一〇〇%が病院や産院で行われるようになって、家での出産はそれこそ稀有のことである。一つ間違えば母子とも死にいたりかねない出産は、もはや家では引き受けられないものになっている。

かくして生老病死の四苦が家庭の外のシステムに追いやられ、マイホームはそのような苦を引き受ける場ではなく、可能なかぎり苦を避けて、楽を追求する場として意識されるようになっている。まして子どもはもっぱら守られるべき存在だと思っているためであろう、周囲のおとなたちは子どもを四苦の事態からできるかぎり遠ざけようと努める。

四苦は、お釈迦様の話によるまでもなく、人間にとって本来避けられないものとしてある。またそういうものとして、人の生きるかたちをはっきり輪郭づけてきた。この四苦を遠ざけて、楽しい世界を広げることは、もちろんけっこうなことなのだが、一方で、そうして四苦を避ければ避けるほど、人の生活の輪郭はそれだけふやけたものになっていくのではないか。

私たちはいま、子どもたちと一緒に遊び、美味しいものを食べ、ときに旅行を楽しむというふうに、楽を共有する「共楽」の機会はいっぱい持つようになった。しかし、他方で子どもたちと辛いこと、しんどいことを共有する「共苦」の経験はほとんどなくなった。そうして人として避けられない四苦を目の前から遠ざけることで、私たちの生きるかたちが見えづらくなっている現実もまた、しっかり見据えておかなければならない。

（二〇〇九年二月）

のちのちの記11

本稿が掲載された前後（二〇〇九年一月〜二月）に、たまたま新著が四冊続けて出ることになった。『心はなぜ不自由なのか』（PHP新書）、『子ども学序説』（岩波書店）、『私と他者と語りの世界』（ミネルヴァ書房）、『障害と子どもたちの生きるかたち』（岩波現代文庫）。いずれも「書き下ろし」ではなくて、これまでの講演録や連載などを編集して「書き直し」たもの。こうしてあちこちに「喋り散らし」「書き散らし」てきたものでも、あらためてまとめると、そこにそれなりに自分の思考の歴史が見える。ただ、どうにかここまで考えてきたという自慰の思いと、同時に、なんとも「書き足らない」という不足の思いがないまぜになって、思いは複雑である。

それに、あらためて自分の文章を読み直して思うのは、文中になんとも「私語」が多いということ。研究者が研究の成果を発表するというとき、その発表の空間は「研究」という名の公的空間であるから、そこに「私語」をはさむのは、言ってみればタブー、つまり禁句である。その点で、私は昔から研究者意識が希薄で、学会という場にまともに身を置いたことはないし、研究という公的空間でもとかく私語をまじえがち。しかし、研究の世界が公的空間だとしても、その「公」を支えている「私」的な脈絡というものがあるし、その「私」的な脈絡なしには「公」的研究も実質的な意味をまっとうしないはず。そう開き直っている。

まして、心理学は人間の現象に関わる学なのだから、心理学を研究する人間が自分の

「私」をいっさい背後に沈めてしまうことのほうが、むしろおかしい。というようなことで、私の文章は、しばしば理屈っぽく議論を重ねながら、どこかでいつも私語が入り込む。本稿なども、「折々の記」というエッセイなのだから当然かもしれないのだが、私語だらけだし、その私語のうえにさらに、こんな「のちのちの記」まで書き加えているのだから、ちょっとひんしゅくものかもしれない。

12 子どもが働くということ

先日（二〇〇九年一月）、私は六二歳の誕生日を迎えた。放っておいても歳だけは食うし、時代も変わる。私が子どもだったのは一九五〇〜六〇年代、子どもができて子育ての最中にいたのが一九七〇〜八〇年代、そして孫までできて、子育てから遠ざかったいまは二〇〇〇年を超えてすでに一〇年が経とうとしている。

思い起こせば、この間に時代は大きく変わった。かつては生老病死の四苦を家族が一緒になって引き受けていたというような話を、前回にしたのだが、この「共苦」の情景も、いまの若い人たちにはすっかり遠くなっている。いまさらそのころの子どもの情景を語っても、ただの昔話でしかないのかもしれない。ちょうど私たちが子どもだったころ、六〇を過ぎたお年寄りたちからあれこれ昔話を聞かされても、あまり実感が湧かなかったのと同じなのだろう。

私自身よく分かっているつもりだが、しかし逆に、一見豊かになって「共楽」ばかりが目立つ世の中になったからこそ、こうした話をあえて若い人たちにしておかなければならないのではないかという思いが、最近とみに強くなっている。かつて「古老に聞く」という言い草があった。まだおよそ「古老」という歳ではないし、聞かせるほどのことがある人間でもないのだが、ときにそんな思いにかられる。

子どもが働いていた時代

いまの子どもたちは、そのほとんどが労働をまぬがれている。そして一般には、それが当然だと思われている。現に法において児童労働は禁じられている。たしかにそのとおりである。しかし私はそこに、ある違和感をおぼえる。

児童労働の禁止がうたわれているのは、それが賃労働であり、しかも子どもゆえに最低以下にまで賃金を押さえられて酷使されるからである。世界中にはそうした過酷な労働によって心身の健康を損なう子どもたちがたくさんいる。それは文字通りに子どもからの「搾取」である。いや、それどころか子どもを兵士に仕立てて、命を賭した残虐な戦闘行為に駆り立てることすら行われている。これらが子どもの基本的な権利を奪うものであることは言うまでもない。

しかし児童労働の禁止は、子どもから働くという営みを断つことを求めるものではない。子どもも生活者の一人として、家族の生活の一端を担うのは当然であるし、それは子どもがおとなになるための必須のステップだと言ってもよい。

実際、私たちが子どもだったころは、親からしっかり働かされてきた。農繁期の忙しい時期には、学校を休んで、親きょうだいと一緒に、朝早くから日の暮れるまで田畑に出て働いた。そればかりか夜なべ仕事もまれではなかった。稲の脱穀などは、まだ足踏みの脱穀機を使っていて、夕食後に家族が納屋に集まって、裸電球の下、遅くまで働いた光景が、いまでもはっきりよみがえる。

こうして家で子どもが働くことが法律違反だったのかというと、もちろんそうではない。農繁期に学校を休むのも、「農繁休暇」というかたちで公然と認められていた。猫の手も借りたい時期には、せめて子どもたちに手伝ってほしいという家の側の都合が、学校の勉強に優先したのである。

こういう話を聞くと、貧しい時代だったために、子どもたちも働かなければならなくて、かわいそうだったと思う人が少なくない。しかしそのような話なのかどうか。

働くことの誇りと恥

私は六人きょうだいで、長姉は一五歳年上、以下見事に三年ごとに産み分けて、私はその末っ子である。

「産み分けて」という言い方をしたが、おそらくちゃんとした産児制限をしたというのではない。昔は赤ちゃんの乳離れが遅くて、二歳でもまだ母乳を飲んでいることはいくらもあった。ただ、もうそれくらいになるとお乳も水のようなもので、当然それ以外の食べ物を食べなければもたない。そうなってはじめて母体が次子を妊娠できる状態になっている。前の子の授乳が実質的に終わってから次の妊娠が可能になるというふうに、生き物としての仕組みでそうなっているものらしい。最近、年子が多くなっているのは、離乳期が早まり、あるいは人工乳が増え、栄養状態が圧倒的によくなったことで、妊娠可能期間が早まったからである。

それはともあれ、きょうだい六人のうちの一人は小学一年生のときに疫痢で死んだのだが、残りの五人はみな同じように、小さいときからさんざん働かされてきた。いまでも正月などにきょうだいが集まって昔話になると、そのことが話題になる。ただ長姉と私では一五年違うので、そのニュアンスは違う。

長姉の時代には大学進学はまだまれで、村にせいぜい一人、二人が大学に行くにすぎなかったのだが、私のころになると全体の二割くらいは進学するようになっていた。おのずと野良に出て百姓仕事をする子どもは少なくなって、中学・高校年代になると、野良仕事に出ている姿を同級生に見られることに恥ずかしさを感じるようになっていた。それでも働くことをやめるわけにはいかない。百姓仕事は家族の共同の労働だった。家族のみんなが働いているのに自分ひとり遊んだり勉強していたりするわけにはいかない。いやいや働いていても、そうした心情だけは共有していた。

いまでも思い出す光景がある。私は小学四年生のとき、盲腸炎で手術をして入院したことがある。一〇日ほどして退院し、まだしばらく学校には行けずに家で寝ていたときのことである。季節は五月、麦刈りを終えて麦の脱穀をしなければならない時期だった。麦の脱穀は農協から機械を借りてきてするので、まる一日かけて一気にやらなければ、次の家に機械を回せない。その日は家族総出で朝から夕方までほとんど休みなく働く。庭に機械を置いて、ほこりがすごいものだから家の雨戸は締め切っていた。私は雨戸の内側の暗い部屋に布団を敷いて、枕もとのラジオを聴いていた。そのとき私は自分だけ働かなくてよくて嬉しいような、働いている父母きょうだいに申し訳ないような複雑な心境でいたことを覚えている。

まだ一〇歳ほどの子どもがそうした思いをごく自然に抱いていたのである。田畑の仕事をする姿が外目には恥ずかしいと思いつつ、家族の共同のなかではそれが責任であり、そして誇りでもあったのである。

（二〇〇九年四月）

のちのちの記12

本稿は、そのなかにも書いているように、六二歳の誕生日直後のものである。当時六三歳定年だった大学を、あと一年で終えるということになる。「やっと」という気がする。そのころから三年手帳を使っていて、その三年目がちょうど手帳の最後にくることもあって、もう二年も前から三月三一日の欄に「定年」と書いて❊をつけていた。

学生さんたちとの付き合いは面白かったのだが、大学という組織はどうも苦手だった。そこから抜けられると思うとホッとしたものだった。三〇年余りもほとんど「一匹狼」（というより迷える「一匹羊」でしたが）でやってきたが、組織のなかには権力がらみの奇妙な人間関係があるもので、とにかくそれがかなわない。そうして❊をつけた定年の手前に思っていたのは、「さて、ここから何か新しいことをはじめられるかどうか」ということ、それが不安でもあり、楽しみでもあった。

それにしても「年齢」というのは不思議なもの。カレンダーや年表にしてみれば、自分の年齢を客観的に特定できるし、それを人どうしたがいに比べて「年上」だの「年下」だの、「先輩」だの「後輩」だの言うけれども、そうした外の物差しをはずしてしまえば、これほど曖昧なものはない。人の顔や姿形で年齢はある程度分かるけれども、それは相手のこと。自分の顔や姿形を外から眺めることはできない。もちろん鏡に写せば自分でも見られるが、じつのところ、自分の顔を見る時間は、私の場合、おそらく一日数分もない。いや、一日一度も見ない日すらある。人は自分の顔をその内側から生きているのであって、その顔から自分の老いを感じることはない。おかげで私は、まだ二〇代、三〇代の若い人に出会っても、ほとんど同年齢の気分でいられる。ちょっとおかしいのではないかと思われるかもしれないが、これが実感である。

さて、本稿を書いてからさらに五年が経った。「迷える老羊」はなお迷ったままだが、迷っているからこそたどりつける場所もあるかもしれない……などと開き直っている。

13　世界とつながるということ

子どもが働いていた時代があった。それもそんなに遠い昔の話ではなく、つい四、五〇年ほど前、私自身が子どもだったころの、ごく自然な風景である。そのころ、子どもたちは働くことを通して、身のまわりの世界とつながっていたし、家族のなかに位置を持って、何かしら自分が役立っているという感覚を身に沁みこませていた。

このように子どもたちが自分という存在に価値を認め、それなりの自負を感じていたことを、今風に言い換えると、子どもたちはそれぞれに「自尊感情」を持っていたということになるだろうか。しかし、そう言い換えたとたんに、何か違う！という気分になる。

「自尊感情」ということばの空しさ

「自尊感情」ということばがはやりはじめたのはいつごろのことだっただろうか。もともとは「セルフ・エスティーム」の訳語として出てきたものらしいが、いまでは学校現場でさかんに用いられている。

子どもの思いを大切にする、むやみに怒らずに認めてあげる、個性を尊重し評価する、いろんなことに挑戦させ自信を持たせる……そうして自尊感情が育てば、他者を大事にもし、自分をも大事にできるようになる。そんなふうに言われると、ことばはキレイなのだが、私には何かうそ臭く感じられてしまう。

もちろんこの自尊感情が叫ばれなければならないような状況が、いまの子どもたちの世界に広がっていることはたしかである。おとなたちは「将来のために頑張れ」と言いながら、子どものいまの思いを封じ込めたり、子どもを叱咤激励しているつもりで、「このままではだめだ」と、ネガティブなメッセージばかりを伝えていたりする。あるいはそうしてつねにおとなからの評価の目にさらされている子どもたちどうしが、またおたがいに評価の目を向け合って、相手の難点を見つけては、いたぶったり、いじめたり……。

そうして傷つけられ自信を失い、希望を失った子どもたちがたくさんいる。だからこそ、その子どもたちに、自尊感情を取り戻すための手立てをなんとか考えたいということで、親も教師もいろいろ工夫をしているのかもしれない。

しかし、そのことが分かったうえで、やっぱり違うと感じてしまうのは、自尊感情が一般に人どうしの関係のレベルでしか語られていないからである。単純化して言えば、人からのネガティブな評価を受け続けて自尊感情を傷つけられた子どもたちに、今度は逆にポジティブな評価を与えることで、傷を癒し、それによって自尊感情を守り育てようというような話になって、結局は、ネガティブであれポジティブであれ、人の評価ばかりが問題になってしまう。

いくら子どもを叱らず、ほめて育てるなどといっても、それが評価でしかないかぎり、子どもたちはやがて、おとなたちのその「上から目線」に気づいて、そこにうそ臭さを覚えてしまう。「ほめる」ということば自体が、上から目線のことばで、実際、下のものが上のものをほめるということはない。「ほめる」というのは、立場が上にあるものが、自分の基準で「ここまでくれば」ということではじめて成り立つ。

思えば、私たちは、自分の子ども時代、どれほど畑仕事を手伝っても、親はけっしてほめたりはしてくれなかった。しかし一方で、親たちが喜んでくれていることはしっかり感じていた。これに対して、いまの子どもたちは、自分の勉強の成績や何かの活躍を親や教師からあれこれほめられることはあっても、周囲の生活に役立つ意味あることをやって、まわりのおとなから喜んでもらえる機会は少ない。それだけ子どもたちは生活者としての位置から遠ざかっているのである。

いま子どもたちは、世界につながる労働の世界を奪われ、たがいの評価ばかりが前面に出る「人間関係過剰の時代」にさらされているのかもしれない。

世界とつながるということ

先日、長年終末期医療に取り組んできた大井玄さんの『「痴呆老人」は何を見ているか』（新潮新書、二〇〇八年）という本を読んでいて、こんな一節を見つけた。

　歴史的に見て、人は生きていくために、いつも額に汗して働いてきました。働くという「経験」には、学び、楽しみ、苦痛という要素が、常に分かちがたく含まれています。「生きていく」という営みは、自分と世界をつなげる作業ですが、つながるという感覚は安心を与えると同時に、束縛されているという感覚でもある。

　こんなふうに、「生きていく」ということは自分と世界をつなげる作業であり、そこに安心とともに束縛もあるのだと言われると、当たり前のことなのだが、なるほどそうだと、あらためて思う。私には、いまさらながら、この「世界につながる」という言い方が新鮮だった。

　認知症の進行に伴い、自分と世界とを結んでいた記憶を奪われ、自分が何者で、いまがいつで、ここがどこだというい わゆる「見当識」すら失いはじめたとき、人は世界とつながるすべを見失う。そのことで、抑えがたい不安にさらされ、その不安を埋めるべく種々の問題行動を引き起こしてしまうのではないかと、大井さんは言う。しかし一方で、人が自分の側から世界とつながる認知能力を失っても、周囲の世界の側が、その人へのつながりの糸を断たずに、生活ぐるみすっぽりくるんでいくことができれば、その人は破綻なく健康に生きていけるとも言う。

そういう目で見たとき、いまの子どもたちは自分と世界とをどのようにつなぐことができているのだろうか。かつてのように働くことがなくなった子どもたちは、いま学校という場で勉強してはいるが、その勉強の成果が直接に自分の生活のなかで意味を持つことは少ない。むしろテストの成績を介して学歴、学校歴につながってはじめて、学びが意味を持つかのように思わされている。

学びは、いま、子どもを世界につなぐ「生活の網の目」をなすものではなく、むしろ子どもたちを学校という「制度の網の目」にからめとっていく装置であるかのように見える。人は、単に個人として自らの力を高め、その力を競い合わせて生きているのではない。自分のうちに培ってきた力を日々の生活のなかに使い、人々との協働を重ねて、世界につながって生きているはずである。それは、あらためて言うまでもない当然のことなのだが、そのごく当然のことが脅かされているのが、いまという時代なのかもしれない。「世界とつながって生きる」ということの意味をあらためて考えねばならない。

（二〇〇九年六月）

のちのちの記13

相変わらず深刻な刑事事件の鑑定に追われ、その世界にどっぷり浸かっていると、世の中の悲惨を、水底からじっと見上げている気分になる。もちろん、それでは身がもたない。ときに浮き上がって、酒盛りに興じ、しかしまた翌朝には醒めて、沈み込む。それにしても、刑務所や拘置所から無実を訴えながら、文字通り「世界とのつながり」を物理的に断たれた人たちのことを思うと、自分のことをまずはけっこうな身分じゃないかと思い直す。そういう日々が、この連載時からいまも続いている。それでも、ときに気持ちの浮き立つ楽しいこともある。でなきゃ、やっていけません。

「世界とつながる」という感覚は、ほとんどの人にとっては、言うまでもない当たり前のことかもしれないが、それを奪われた人は、自分を自分として保つこともできないほどの不安に陥れられるのであろう。二〇一四年に再審開始決定と同時に、四八年ぶりに娑婆に出ることを許された袴田巌さん（**5**）は、獄中から無罪を争って、まだ裁判が続いているときは、裁判の場で自らの無実を訴え、またそれを世間の人々に聞いてもらうということで「世界とつながる」ことができていた。ところが、一九八〇年になって最高裁で死刑が確定して以降は、再審請求はしても、それは書面の交換だけで、二四時間、三六五日、獄中にいて、外に出ることもできないし、自分の肉声を聞いてくれる人と言えば、弁護人と身内以外に誰もいない。そのうえいつ死刑を執行されてもおかしくない立場に置かれて、その境遇を逃れられる見通しがどこにも見えない。そのなかで洗礼を受け、聖書のことばにすがるようにして生きてきた袴田さんだったが、その彼も「世界とつながる」道を閉ざされたなかで、やがて自分を保てなくなる。「主よ、いつまでですか」と嘆き、その嘆きに応えてくれる声もないなかで、やがて被害妄想に囚われて、拘禁性の精神病に落ち込んでいく。

私たちはどうにか「世界とつながる」糸を失うことなく、それなりの日々を送っているのだが、人は一人ではやはり脆いもの。その袴田さんもいまようやく拘置所から娑婆に戻り、お姉さんに支えられながら、世界とのつながりを少しずつ取り戻しつつあると聞く。

14　世界とのつながりを断たれたとき

人はみな、それぞれに「世界とつながる」ことで生きている。それは、誰もがあえて意識することのないごく当たり前のことである。しかし、現実には、ときにその「つながりの糸」がぷっつりと断たれそうになることがある。そんなとき人は、なんとかつながろうとあがく。認知症の人たちが見せる問題行動なども、そのあがきの姿なのかもしれない。あるいは、子どもたちもまた、いましっかりと世界とつながるすべを持ちえているのかどうか。

そういう話を前回にして、その号が出た二〇〇九年六月、あらためてそのことを考えさせられる出来事に出会うことになった。足利事件の再審開始決定である。ここのところの連載の流れからは少々ずれるが、すこしスペースを割いて、この話をしたい。

暴かれた冤罪

足利事件というのは、一九九〇年五月に栃木県足利市で起こった幼女誘拐殺人事件である。父親に連れられてパチンコ屋に来ていた四歳の女の子が、駐車場で遊んでいたところを、何者かに連れ去られ、その後、近くの河原で死体になって発見された。

当時、この近くで同様の事件が続いていたこともあって、警察は必死の捜査を行ったが、捜査は難航した。地域へのローラー作戦でしらみつぶしの捜査を進め、菅家利和さんが容疑の線上に浮かび上がったのが事件から約半年後のこと。以来一年間の尾行調査を行い、そのなかで菅家さんの捨てたごみから体液を採取し、ＤＮＡ鑑定にかけたところ、女の子の衣類に付着していた体液と型が合致したという。警察は菅家さんが犯人に間違いないと考え、任意同行で取り調べ、菅家さんはその日のうちに自白に落ちたのである。

当時はＤＮＡ鑑定が実用化されはじめたばかりで、その精度には限界があったが、それでも同一の型は八〇〇人に一人の確率だとされ、捜査側はまず間違いないと考えたし、世間もまたそれを鵜呑みにした。ＤＮＡ鑑定を用いた最先端の科学捜査によって事件が解明されたという触れ込みで、当時のマスコミは、冤罪の可能性をまったく考えずに、菅家さんを犯人とする大報道を行った。それに家族も、憎むべき幼女わいせつ殺人事件の犯人を身内から出したことで、世間の厳しい目にさらされ、恥じ入って小さくなる以外になかった。さらには、裁判でついた弁護人もまた、菅家さんがやったものと思い込んで、無実の可能性をまったく考えようとしなかった。菅家さんがひょっとして犯人ではないかもしれないと思ってくれる人は、周囲に誰もいなかったのである。菅家さんは文字通り孤立無援の状態だった。

裁判がはじまってからも、菅家さんは「私はやっていない」という声を上げることができなかった。ただ、しばらくして、家族にはやっていないので信じてほしいという手紙を書くことになるが、世間の目を恐れて小さくなっていた家族は、菅家さんのその手紙をしばらく伏せたまま、声を上げられずにいた。そして、ずいぶん経ってからようやく弁護人に手紙を見せて相談し、それを弁護人が法廷で確認して、菅家さんははじめて否認する。ところが、弁護人はその段階でも菅家さんの無実を信じることなく、むしろ否認に転じたことで裏切られたかのように思って、「こんな事件で否認すると死刑にもなりかねない」と、菅家さんを説得した。弁護人は情状を悪くすることを恐れたのである。それによって菅家さんはふたたび自白に転じ、裁判所には「嘘を言って申し訳ない」との上申書を提出して、詫びを入れた。

菅家さんがはっきり否認の声を上げたのは、それからしばらくして結審してのちのこと、見ず知らずの一支援者が面会にやってきて、「あなたの無実を信じる」と言ってくれたからだという。家族でさえも「信じる」と言ってくれないなかで、これが唯一の支えとなって、第一審の最終段階でようやく、菅家さんの冤罪の闘いがはじまったのである。しかし、裁判所はこのときすでに有罪の心証を確実に固めていたのだろう、菅家さんの否認をただ聞き流すだけで、ほとんどときをおかずに無期懲役の判決を下した。

世界とつながってこそ保てる自分

ＤＮＡ鑑定があり、早期の詳細な自白があり、しかも公判廷で長く自白を維持したという状況のなかで、菅家さんの闘いは容易ではなかった。第一審で無期懲役の判決を受け、控訴も上告も棄却されて、二〇〇〇年には無期懲役が確定した。私自身、控訴審の段階で弁護団から相談を受け、自白調書を一読して、危ない事件だと思っていた。しかし裁判所の判断は簡単にはくつがえらない。それどころか、弁護側は再三ＤＮＡの再鑑定を求めたにもかかわらず、裁判所はそれに応じないままに、刑を確定させてしまったのである。

ところが、再審請求審で、二〇〇八年末になって裁判所がようやくＤＮＡの再鑑定を認め、鑑定の結果、二〇〇九年五月に女の子の衣類についた体液が菅家さんのものとは異なることが判明した。これによって六月、菅家さんは釈放され、再審開始の決定が下された。再審請求事件でこれほどの急展開で開始決定が出たのは、前代未聞のことであった。

それにしても菅家さんは、どうして任意同行下の十数時間の取調べで自白に落ちたのか。捜査官から乱暴な扱いを受けたが、もちろん拷問があったわけではない。それに落ちたとき捜査官のひざに泣き崩れ、ズボンが涙でぐっしょり濡れるほどだったという。さらには裁判がはじまってからも否認の声を上げることはなかった。それはいったいなぜなのか。

菅家さんの無実が明らかになったとき、多くの人々がそのことを不思議に思った。しかしたくさんの虚偽自白事例を見てきた私は、この菅家さんの場合こそ、まさに虚偽自白の典型例だと思わざるをえなかった。

菅家さんは事件当時、幼稚園の通園バスの運転手で、仕事のなかで小さな子どもたちとお喋りしたり遊んだりするのが大好きだった。ところが事件後、尾行がつくようになって、園から解雇され、そうしたなかで本件容疑者としてアパートに踏み込まれ、お前が犯人だと決めつけられた。もちろん否認はしたのだが、取調官はまったく聞いてくれない。そうした状況が延々と続くなかで、菅家さんはすっかり絶望し、無力感に押しひしがれ、そこから自白に落ちてしまったのである。

菅家さんは押しが強いタイプではない。むしろ人との対決をもっとも苦手とする人である。自分でも「小さいときからおとなしく、反論ができない」性格だったと言う。結局、菅家さんは悔し涙を流しながら自白したのだが、とたんに取調官はやさしくにこやかに対応するようになって、菅家さん自身がホッとしたという。

菅家さんは思いもかけないところで、突然、自分の日常世界から取調べという非日常の世界に投げ込まれたことで、言ってみれば、それまでの世界とのつながりを失い、自分の生きている地盤を大きく揺るがされてしまったのである。そうしたなかで人はどこまで自分の真実を守ることができるだろうか。世界とつながる関係の網の目を断たれ、たった一個の人間として剝き出しにされたとき、いかに人が脆弱な存在になるかを、足利事件は私たちにもろに見せつけてくれたように見える。

（二〇〇九年八月）

のちのちの記14

二〇〇九年の足利事件の再審開始決定で、やおら虚偽自白が世間の関心を集め、私もその直後にはいくつもの新聞社、テレビ局から取材を受けることになった。事件そのものはまことに不幸なことなのだが、誰にでも虚偽自白がありうることを実証したという意味で、これ以上に示唆に富んだ事件は他に例がない。一七年以上ものあいだ無実の罪で獄中生活を強いられた菅家さんのことを思うといたたまれない思いになるが、これが今後の冤罪救援につながる一石となったという意味では、じつに有難い出来事であった。

その後、警察庁と最高検察庁は足利事件の捜査状況をあらためて調査し、その報告書を提出した。そこでは、本件の場合、ＤＮＡ鑑定の問題があったとはいえ、取調べにおいて無実の人が虚偽の自白に陥る可能性を十分警戒していなかった問題性を認め、刑事捜査においては、被疑者が無実である可能性を念頭に、その有罪性を示す積極証拠のみならず、無実性を示唆する消極証拠にも忠実であることが重要だとあらためて強調している。そのなかで私の『自白の心理学』（岩波新書、二〇〇一年）への言及もあって、これまでの警察・検察にはほとんどありえないと思われるような対応だった。

おかげさまで、と言っていいのだろうか、その後、警察や検察からの講義依頼がくるようになった。虚偽自白を防ぐには、何より取調べに当たる捜査官の取調べ方法を十分に再考しなければならないし、その意味で、無実の人が虚偽自白をしてしまう心理を現場の捜査官たちにぜひ知ってもらいたいと、私自身も以前から思っていた。もうだいぶん前になるが、警察関係のドキュメントを書いていた知人に、一度警察で話す機会を持ちたいのだけれど、警察とつないでもらえないかと話を持ちかけたこともあるのだが、そのときはまったく相手にしてもらえなかった。前にも書いたが（「のちのちの記7」）、弁護側の依頼で冤罪主張の事件ばかりをやっている私は、警察や検察からは敵のように思われていたのである。その私に向こうから声がかかるようになった。これまた有難いことではある。

菅家さんの釈放からもう五年になるが、いまも警察学校や警察大学校での講義は定期的に続いている。その講義では、私が最初にかかわった甲山事件とこの足利事件については、かならず具体例として詳しく話すようにしている。

15 世界とのつながりを取り戻すために

足利事件の菅家利和さんは任意同行の取調べで自白に落ちた。署に連れて行かれるときに、多少とも小突かれたり、足を蹴られたりはしたようだが、暴力を振るうような取調べを受けたわけではない。しかし孤立無援の取調べの場に、突然、投げ込まれ、そこで対決を迫られる、そのことが菅家さんには耐えられなかった。多くの人は、それくらいでどうして、と思ってしまうかもしれない。しかし、孤立ほど苦しいものはないし、対立ほど厳しいものはない。それにいくら「やっていない」と自分の真実を訴えても、まったく聞いてもらえない。その無力感、その辛さは、並大抵のものではない。たいていの人はこれだけで十分に落ちる。

現に菅家さんは、自分が自白して取調官がやさしくしてくれるようになったことで、やっと自分の居場所を得て、息をつぐことができたという。人は自分を囲む関係のなかで生きる。その周囲と対立し、孤立し、関係を断たれることは、言ってみれば、それまで当たり前に吸っていた空気を断たれるようなものなのである。

「私はやってない」と言えなくて

多くの冤罪事件では、捜査段階に自白しても、公判になると自白を撤回して、無実を主張する。捜査官たちによって自白に追い込まれたその人間関係から解放されて、自分の言い分を聞いてくれる弁護人に出会い、あるいは自分を信じてくれる家族や友人の顔を見て、その関係のなかで「世界とのつながり」を確認し、ふたたび自分の真実を取り戻すのである。しかし菅家さんの場合はそうならなかった。その間の事情を、前回にも簡単に書いたのだが、ここでいま少しことばを継いでおきたい。

どんなに厳しい事件でも、被告人には弁護人がついていて、弁護人は被告人がどれほど冷酷非道な犯罪者と思われていても、その権利を最大限に守り、その主張をできうるかぎり代弁するのが仕事である。ところが、この事件の場合、被害女児の衣服についていた体液が菅家さんのそれとDNA型で一致したという鑑定が決め手になり、間違いがないと言われたために、弁護人もまた、菅家さんが犯人であることはもはや否定できない、情状を訴えて酌量を求める以外にないと思ってしまったらしい。そのために菅家さんの無実の可能性を考えて、実際はやってないのではないかと問いただすことがなかった。

それに家族もまた、自分たちの身内が女児を誘拐し、わいせつ行為を働いて殺し、川原に遺体を捨てたというとんでもない事件を引き起こしたということで、マスコミに追われ、世間の目を恐れて小さくなっているしかなかった。そのうえ、本人を信じようにも、その本人が取調べでは自白しているというし、最新の科学鑑定で間違いないというのであるから、もはや手を差し伸べる余地さえないように思えたのである。

菅家さんは獄中から、家族に宛てて、自分は無実だから信じてほしいと手紙を書いたが、家族の誰もこれに答えてくれない。そうしたなかで裁判を迎え、罪状認否を求められたとき、「私はやっていません」と声を上げることができなかった。傍聴席に取調べられたときの警察官がいるように思えて、怖くて言えなかったとも言うのだが、それ以上に、もはや自分の無実を信じてくれる人は誰もいないという孤立感が、その根元にあった。大きな流れに逆らって自分を主張するとき、せめて誰か一人でも信じてくれていると思わなければ、声を上げることはできない。

菅家さんがはじめて否認したのは、裁判もずいぶん進んだ段階のことである。前回にも書いたが、世間での騒ぎが収まり、ほとぼりがさめて、ようやく家族が菅家さんから送られてきた手紙を持って、弁護人に相談に出向いたのである。弁護人はこれを受けて、法廷で菅家さんにその手紙を見せ、どういうことなのだと問うたところ、菅家さんは「実は私はやっていないのです」と答えたのである。ところが、そうしてやっと否認できたと思ったにもかかわらず、半信半疑だった弁護人は、やっていないというのが本当なら仕方がないが、これだけ有罪の証拠がそろっていて否認すると、かえって刑が重くなると恐れ、法廷が終わった後に、菅家さんに再度確認を求めたらしい。その弁護人の接見で、菅家さんはふたたびやはりダメかと思い直し、弁護人の説得を受け入れて、裁判所に宛てて「家族には見捨てられたくなくて、嘘の手紙を書いたのです」と謝罪の上申書を書いて送ったのである。

世界とつながる通路

菅家さんがはっきりと否認の声を上げたのは、第一審の審理が終わって、あとは論告求刑と判決を待つだけになった時点でのこと。足利市内で菅家さんと同じように幼稚園バスの運転手をしていた女性が、拘置所の菅家さんを訪ね、「やっているのなら仕方がないけれども、幼稚園でバスの運転手をしていつも子どもと遊んでいた人がこんな事件を起こすと思えない、本当はどうなんですか?」と聞いたというのである。見ず知らずの人が拘置所まで訪ねていくというのは、大変なことだが、よほど思いつめておられたのだろう。

菅家さんはこの女性の訪問で、やっと自分を信じてくれる人を得て、なんとかしなければと思い直し、あらためて弁護人に否認の意思を伝えて、もう一度公判を開いてもらい、「私はやっていない」と声を上げた。しかしときすでに遅く、裁判所の心証を動かすことはできなかった。

　幸い、控訴審でこの事件の弁護を買って出た弁護人は、ＤＮＡ鑑定に詳しく、当時の鑑定の方法とその精度に疑問を持っていたし、菅家さんの面会時の印象からとてもこの事件を起こすような小児性愛者ではないと見抜いて、無実を信じ弁護活動を進めてくれた。そうして無期懲役確定後も粘り強く再審請求を続け、おかげで菅家さんも無実の主張をしっかりと維持することができた。身柄は獄中にあったけれども、弁護団の活動を媒介にして、世界とつながる通路をどうにか確保できたのである。

　それにしても裁判所というのは不思議なところである。無実を訴えている被告人がＤＮＡ鑑定をやり直してほしいと再三申し出たにもかかわらず、十年余りもの長きにわたってこれを無視してきた。やっと再鑑定に応じて菅家さんの無実が明らかになったときには、すでに菅家さんの獄中生活は一七年を超える年月に達していた。

　人がどのようにして世界とのつながりを断たれ、孤立の淵に追いやられるのか、そこからいかにして世界とつながる道をふたたびたぐりよせることができるのか。ここに紹介した菅家さんの話は、冤罪という特殊な世界の特異な話ではある。しかし、世界とつながることによって人は生きているという意味では、あらゆる人々に通じる話でもある。

（二〇〇九年一〇月）

のちのちの記15

人が孤立を恐れず、孤独に耐えて、わが道を邁進し、やがて世間があっと驚く成果を達成した、というような話を聞くと、人間は強い、一人で頑張ってここまでのことができる、などと思ったりしてしまうが、実際のところ、人間はそうそう強くはない。いや、一人になってしまうと、むしろ圧倒的に弱い存在になりはてる。人間の強さを讃えるのはけっこうだが、逆に人間の弱さもまたしっかり見つめなければと思う。

「世界につながる」などということを書いてきたが、たいていの人は、あえてそんなことをことばに出して言わずとも、何らかのかたちで世界とつながっているもの。「孤立を恐れず、孤独に耐えて、わが道を邁進し」などと右には書いたが、そういう人だって、もちろん世界から孤絶したところで生きているのではないし、どこかで「世界につながる」ことがあってこそ、自分の仕事に邁進できるものである。「自立」した人間がいるとして、しかしそれは、たった一人で孤立していることを意味しているわけではない。

思えば、純粋な「自立」などというものはない。前に心理現象の基本に「図と地」の分節があるということを書いたが（**9**）、その話をここで持ち出せば、「自立」を図（前景）として取り出したとき、その自立にも、それを成り立たしめる地（背景）がある。それをあえてことばにして取り出すとすれば「人間関係の網の目」であり、それへの依存である。つまり、自立の背後にはかならず何らかの依存がある。

人は、ときに自分の力でこの人生を切り開いて生きてきたと胸を張ったりするが、しかし一方で、人はみな、この世界への誕生以来、身のまわりにさまざまな人間関係の網の目を広げ、そこに身を寄せながら生きてきた。その事実もまた死ぬまで変わらない。身のまわりを包む人間関係の網の目は、ふだんはまるで空気のように当たり前の存在であるために、意識の前景に出ることはないが、それを断たれたとき、とたんにその存在の大きさを知る。無実の人の虚偽自白の事例に出会うつど、私はそのことを思う。そして、それは一見どれほど強く見える人間でも変わりはしない。「世界とつながる」感覚を失ったとき、人は自分を失うし、ときにその感覚のなかで自ら自分の命を絶つこともある。

その意味で、人は弱いもの。その弱さを見つめながら、子どものことを考え、人間のことを考える。そうでありたいものだと思う。人は、ときに、その当たり前のことを忘失して、とんでもなく傲慢になったりすることもあるものだから。

本稿を書いたちょうどこのころ、先に取り上げた（6）光市母子殺害事件の鑑定書作成に、ようやく目途がついた。結論にほぼ確信が持てるまでになったのだが、そうしてたどり着いてみると、なんとも残忍で、しかしなんとも切ない事件である。この元少年を死刑に処すのは、その事実の認定にそぐわない。もちろん偶発的な要因が絡んだとはいえ、元少年がとんでもない事件を起こしたことに変わりはない。ただ思うのは、やはり正しくその事実に見合った刑罰を科し、それに見合った反省の機会と場を与えてもらわなければ……、ということである。

Ⅲ　人間の意図と状況の力

16 「意図」は人の行為をどこまで決めるのか

人間の心理を語ることばはいろいろある。しかし、その一つひとつを突っ込んで考えはじめるとよく分からなくなることがある。たとえば、このごろ刑事裁判に付き合いながらよく思うのは、「意図」ということばである。

人はどんな場面であれ、次の瞬間に向けて、こうしよう、ああしようと思っているし、あるいはもう少し先をにらんで、こうするつもりだ、ああするつもりだと思っている。何か大層なことをしようという場合に限らない。これから勉強しようとか、もうちょっとすればお茶にしようとか、疲れたので横になろうとか……、どんなささいなことにでも何らかの「意図」が働いている。その意味で、人はみな、いつも何らかの「意図」を持って、それによって行動している。

ところが、ひるがえって、その「意図」によって自分の行動がどこまで決められているのかと考えると、その答えは単純でない。

「意図」と状況

たとえば、これまで話してきた刑事事件の渦中にいる人たちのことを考えてみる。すると、たちまちこの「意図」というものがあやふやに思えてくる。足利事件の菅家利和さんは、当初は無実だと主張しようとして、否認の「意図」を固めていたはずである。そして、実際、まる一日は頑張った。しかし、やがて抵抗できなくなって自白に落ちてしまう。そんなふうに当初の「意図」が壁にぶつかって挫折するということはいくらでもある。

一方で、裏返して見れば、菅家さんは否認を通すことも選べたはずで、それにもかかわらず自白したのだから、結局はその自白を引き受けたところに、何らかの「意図」が働いたことにもなる。そう考えれば、自分は無実だと否認するのも、その後しんどくなって自白するのも、そのときそのときの「意図」によっていることに変わりがない。

さらに突き詰めれば、拷問を受けても自白しないという選択肢がありえる以上、拷問で最後に自白するとすれば、そうするのも本人の「意図」によるという言い方が不可能ではない。

こんなことを言うと、何となく釈然としない気持ちになるが、「意図」とはそんなふうに状況と相対的なもので、じつのところ、非常にあやふやなものでしかない。それにもかかわらず、私たちは自分のことは自分の「意図」で決めていると思いたがるし、他者はまた他者で、それぞれ自分の「意図」で動いているはずだと思ってしまう。

「意図」の名によって人を裁く

しばらく前にお話しした（6）光市母子殺害事件の元少年の犯罪のことを考えていくと、この「意図」という問題にいきあたる。

元少年はその事件の直前、就職したばかりの排水関係の会社をサボって、会社の制服を着たまま、自分の住んでいる社宅の近隣を訪問し、「トイレの水を流してください」と言っては、また次の家にまわっていた。それは、おとなから見れば、まったく奇妙な振舞いなのだが、それだけで終われば、つまらない悪ふざけにすぎなかった。逮捕されて後、元少年はこのことについて、一時間半後に友だちと会う約束をしていたので、それまでの時間つぶしだったと説明した。

ところが、その直後に彼が引き起こしたのは、若い主婦と赤ちゃんを死亡させ、死後に姦淫行為を行ったという、およそ許しがたい事件であった。その事件の状況から遡ってみたとき、捜査官たちは、ただの時間つぶしだったというこの弁解を受け入れることはできなかった。

最初から誰かを強姦しようと「意図」して、適当な女性を物色していたのではないかと追及し、元少年自身も、結局はこの追及に屈して、社宅の訪問時から強姦の「意図」があったと認めた。つまり元少年は事件の発端からその最後まで、一貫して自分の「意図」に基づいて本件犯行をやってのけたという供述を取られたのである。そして、これがその後の裁判の前提となり、元少年に死刑判決が下され、確定した。

しかし、強姦の「意図」をあらかじめ持っていて、すべてをその「意図」のもとにやってのけたのだというふうには理解できないところが、この事件にはいくつもあった。そもそも強姦という犯罪を計画して実行しようとする者が、強姦対象を求めて、自分の住んでいる近隣を物色するだろうか。しかも自分の会社の制服を着て、訪問先ではその会社名まで名乗ったというのであるから、最初から見つけてくださいと言わんばかりではないか。それにまた、そんなふうに何件もの家を戸別訪問して、適当な相手を見つけたとしても、ドアチェーンをはずして家に上げてくれる可能性は少ない。そうして見れば、元少年に最初から強姦の「意図」があったというのは、ちょっと考えにくい。

しかし、この事件のようにとんでもない犯罪を起こした犯人に対して、人は、まず当人の責任を問い、謝罪を求めようとする。それゆえ、種々の偶発的な要因が介在していることがうかがわれる状況があっても、それを認めようとせず、むしろそこに明確な「意図」を読み込もうとする。犯人の「意図」があると考えてこそ、その責任を強く問うことができるからである。

母子を死にいたらしめたのは、偶発などではなく、その背後にはかならず殺害の「意図」があったはずだ。姦淫行為が事実である以上、そこには強姦の「意図」があったはずだ。それを元少年が認めようとしないのは、何とか言い逃れをしようとしているからだ。そんなふうに多くの人が思ったのである。

そして担当の捜査官は、挙句のはてに、元少年から「殺してでも強姦したかった」という供述まで取っている。しかし、文字通りに「殺して強姦する」などということを考えたのだとすれば、それはまさにモンスターの仕業以外の何ものでもないし、それこそ精神鑑定を求めなければなるまい。しかし実際には、元少年はそのような異常な怪物ではなかったし、検察官自身、精神鑑定を求めなかったことからして、そのことを認めていたと考えざるをえない。

そういう、およそ非現実的な供述を取ってまで、そこに強烈な「意図」を読み取ろうとしたのは、捜査官の厳罰欲求の裏返しであって、事件の事実を正確に暴こうとしてのものとは思えない。こうして事実を離れ、「意図」の名によって人を裁く裁判がまかり通っているのを見るにつけ、これはいったい何なのだと思ってしまう。

（二〇〇九年一二月）

のちのちの記16

光市母子殺害事件の鑑定を終えた後、次に鑑定書作成にかからなければならなかったのは「日野町事件」、滋賀県南東部にある日野町で一九八四年に起こった殺人事件である。年の暮れ、古くから酒類販売をしていた小さなお店で、六九歳の女主人が行方不明になり、翌年一月半ばに近くの宅地造成地の草むらから遺体で発見されたというものだが、捜査は難航し、事件から三年半後の一九八八年、酒屋の常連客の一人であった阪原弘さんが逮捕された。その逮捕の直接のきっかけは連日の任意同行の三日目、阪原さんが自白したことによる。足利事件の菅家さんが任意同行一日目で落ちたことを思えば、まだしも頑張って抵抗したとも言えるのだが、裁判所はなかなかそうは考えてくれない。死刑の可能性もあるような殺人事件で自白したこと自体が、真犯人でなければありえないかのように思う裁判官が多いのである。

この事件の自白鑑定を、その後、私は二〇一〇年に提出している。私の自白鑑定は、これまでの事件もそうだが、単に自白に信用性がないというレベルのものではない。さらにそこから、その自白そのものが事件のことを知らない人間のものでしかないことを証明しようとする。端的に言えば「自白がその人の無実を証明する」というものである。この言い方が、法曹界からは非常識だと思われている。自白は当人の有罪を示す証拠となるものであって、弁護人はその信用性をつぶすべく努力するし、検事はその信用性を他の証拠でもって証だてようとするのであって、つまりは自白が有罪証拠になるかどうかを争うのが、刑事裁判の常識である。しかし、私はそうした議論とは別の土俵で自白を考える。つまり、無実の人が辛くなって自白に落ちたとき、そこからは自分が犯人だったとすればどうやっただろうかと想像して犯行筋書を語らざるをえない。そのとき取調官からはいろいろ追及を受けるので、その追及をヒントにしながら、無実の人が言わば「犯人に扮して」想像で語る。そのとき語られた自白内容には、ほんとうのところ自白者が「犯行の実際を知らない」ことが露呈する。そうした観点から分析すれば、自白そのもののなかにその人の「無実の証拠」が刻み込まれている。それを検出することで被疑者・被告人の無実性を明らかにできるはず。

こうした鑑定手法によって見たとき、日野町事件の阪原さんの自白には、彼の無実性を証明する痕跡がいくつも残されていて、私のなかでは、この事件でも「自白が無実を証明する」という以外にない。

この鑑定作業を進めるなかで、私は広島刑務所に出向いて阪原さんとお会いした。そのとき阪原さんは七〇歳をとうに越えて、数年前に胃の摘出手術を受けていて、すっかり衰弱していた。小柄とはいえ、体重が三〇キロ台とやせていて、健康も懸念される。その阪原さんから、別れ際、「先生、早く出してくださいよお」と何度も懇願された。私をどういう人間と思われたのだろうか。もちろん私個人には、直接、彼をここから釈放する力はない。なんとも言えない思いで刑務所を後にして、とにかく「急がなければ」と思ったことを覚えている。

しかし、再審開始にたどりつくことなく、阪原さんは二〇一一年に亡くなる。無念だったろうと思う。唯一の救いは、最後、刑を執行停止されて外の病院に移送され、最期は家族に見送られてあの世に旅立てたこと。

それまで争われていた再審請求は、請求人本人が亡くなったことで自動的に棄却。その後、阪原さんの奥さん、息子さん、娘さんが遺志を引き継いで、二〇一二年に第二次再審請求を提起し、現在なお続いている。

17 強いられた「自発性」

これまで何回かお話ししてきた足利事件のことで、マスコミから取材を受けたり、集会に呼ばれたりする機会が、このところ続いている。二〇〇九年の一月下旬に、菅家利和さんの取調べの様子を収録した録音テープが法廷で流され、新聞・テレビがいっせいにこれを取り上げた。この話そのものは、子どものテーマとは直接関わらないのだが、踏み込んでその内実に付き合ってみると、どこかいまの子どもの問題にも通じる構図が見えてくる気がする。このことを少し考えてみたい。

結論を先取りして言えば、私がここで考えているのは「強いられた自発性」とでも言うべきことである。「強いられた」ということと「自発性」ということとは、一見まったく相反するように見える。言ってみれば「丸い三角」のような形容矛盾である。ところが、文字通りそう形容せざるをえない構図が、人の世界にはある。たとえば、冤罪事件の虚偽自白はまさにその典型であるし、いま子どもたちが学校で置かれた状況をよく見ると、そこにも同じ構図が透けて見えてくる。

嘘の自白

足利事件の菅家さんは、幼女殺害事件で疑われ、任意同行を求められて、その日のうちに自白してしまった。その話は、これまでにも（**14**、**15**、**16**）取り上げたが、ここで考えたいと思っているのは、取調官に厳しく締めあげられて、どうしようもなくなって自白に落ちたはずの菅家さんが、その自白の様子を見ると、まるで自分から自発的に喋っているように見えることである。

菅家さんが出所後にまとめた手記（『冤罪』朝日新聞出版、二〇〇九年）には、自白に落ちた場面が次のように記されている。

彼らは、自分たちにとって都合の悪い話には一切、耳を貸しません。「やってません」と言っても、調べは絶対に終わりません。自分の言い分も、アリバイも、聞き入れてはくれません。「絶対にお前なんだ」と繰り返し、呪文のように言い続けるだけなんです。……（中略）……昼と夕方に弁当を食べて、ぬるいお茶をすすっただけです。朝から一本もタバコを吸えず、ストレスも溜まります。「やったと言えば、楽になるぞ」と何度も言われました。……（中略）……精神的にも肉体的にも疲れてしまい、ウトウトと眠気を感じることもありました。先のことは、何も考えられませんでした。

暴力こそ振るわれていないが、いくら「やっていない」と言ってもまったく耳を貸してくれない、その威圧と恐怖のなかで、菅家さんはヤケクソな気持ちになって、「分かりました。自分がやりました」と、悔し涙を流しながら認めてしまう。すると取調官は「おう、そうか」とやさしく言って、たちまち、それまでの緊張がほどけて、菅家さん自身がホッと救われた気分になる。取調官は真犯人を落としたつもりで、意気揚々と引き上げ、菅家さんは悔しい思いを押し殺しながら、もはやそこからは否認には引き返せない気持ちにはまり込む。実際、否認すれば、またあの辛苦のなかに落ち込むことを覚悟しなければならない。

菅家さんは、自白に落ちたその夜のことを、次のように書いている。

覚えているのは、留置場で横になってはみても、初日はぜんぜん眠れなかったことです。不思議なことに、逮捕された自分の立場を案じることはありませんでした。あの刑事たちにまた調べられるのがおっかなくて、次の日どんな説明をしようかと、必死になって考えていました。「やった」と言ってしまったからには、辻褄の合う説明をしないといけない。そんな心境になっていました。

菅家さんは、もはや自分から「犯人を演じる」以外にない心境に陥っていたのである。

「犯人を演じる」ということ

自分を威圧する恐ろしい状況に強いられて「私がやりました」と認めたあと、菅家さんは、やってもいない犯行を自分から「自発的」に語らなければならない。もちろん自分はほんとうのことを知らないのだが、取調官は自分を真犯人と思い込んでいて、何も教えてくれない。それでも何とか犯行筋書を語る。

菅家さんはこの事件の現場近くに住んでいて、新聞やテレビで事件の概略は知っていた。したがって自分がやったと認めたあと、もし自分が犯人ならばどうしたかを想像はできる。

地元で起きた大きな事件だったので、女の子がパチンコ屋でいなくなり、渡良瀬川の河岸で遺体となって見つかったことくらいは知っていました。自分が考えたのは、日ごろの行動と合致するように、犯行に自転車を使ったことにしたくらいで、それを新聞で得た情報に結びつけながらストーリーを作っていきました。

自分で考えたストーリーは、自転車に乗ってパチンコ屋に行き、女の子を見つけて「乗るかい？」と声をかけ、自転車の荷台に乗せて河原に行き、首を絞めて殺した、というものでした。でも、それだけでは不十分でした。自分が少し話をすると、「それで？」「それから？」と二つ三つも質問が返ってきます、察しをつけて答えられるものもありますが、ヒントを与えられないと答えられないものが多かったように思います。

実際に取調官は、菅家さんに現場写真などを示しながら質問を重ねるし、菅家さんが証拠と食い違うことを言えば、ほんとうにそうだったのかと確認する。ほんとうのことを知らない菅家さんには、この取調官の確認のことばがヒントになる。そういうかたちで、自白は展開していく。

取り調べの途中、現場で撮られた写真を何枚か見せられました。そこには、亡くなった女の子が裸で横たわって写っている写真もありました。すごく痛々しくて、ひでぇことをするヤツがいるもんだと嫌な気分になりましたが、同時に、自分のストーリーを補強する材料も写真の中から得ることができました。

虚偽自白が「強いられた自発性」であることは、この菅家さんの虚偽自白からはっきり読み取れる。これはけっして形容矛盾などではない。そして、これと同じ構図が、学校のなかの子どもたちにないかどうか。その点が問題である。

（二〇一〇年三月）

のちのちの記17

無実の人が自白したのだとすれば、それは捜査官から強引に言わされたに違いないと、多くの人は思う。それが言わば「常識」である。しかし、この常識は、自分が繰り返し体験した結果として、当然のことと見なすようになった知識ではなく、じつのところ、そのような体験を自分はいっさいしたことがないにもかかわらず、自分が非体験者であることを横において、ただの想像で、きっとそうに違いないと思う、そういう常識にすぎない。世間で「常識」と言われるもののなかには、じつは、このたぐいの常識が少なくない。

「子どものことは子どもに聞け」と言う。それは当たり前の知恵である。しかし、おとなである発達心理学者も、案外、そうはせず、自分たちおとなの抱いている「子ども像」を、その自覚もないままに「子どもそのもの」と思っていたりする。同じように言えば、虚偽自白のことを知ろうと思えば、まさにその虚偽自白の体験者に聞かなければならないはずだ。ところが、多くの人は、裁判官も含めて、虚偽自白者に虚偽自白のことを聞く以前に、自分たちの「常識」をそこにあてはめてしまう。

実際に虚偽自白を体験した者に聞けば、まさにここで菅家さんの言うように、自分が「やった」と言ってしまったからには、自分が犯人として「辻褄の合う説明をしないといけない」という心境になるのだし、つまりは無実の人が「犯人を演じる」というかたちで虚偽の自白を語るのである。言ってみれば、これは体験者たちが自ら味わってきた「常識」なのだが、非体験者たちはこの常識を知らずに、自分勝手な「常識」を立てて、それで無実の人を有罪として裁いてしまう。このすれ違いに、私自身、これからもまた何度も出会うことになるのだろう。

この回が掲載された二〇一〇年三月に、私は奈良女子大学を無事に定年で退職した。最終講義は、前回の「のちのちの記16」に紹介した日野町事件の話を織り交ぜて、人が自己の体験を語るということについて話した。発達心理学者と言われながら、おおよそいわゆる「発達」とは違うところでこうした話をしたということ自身が、私の三四年の大学教員生活を象徴しているようにも思ったものである。ともあれ、大学という組織からはどうにか「自由」の身になったが、これからも刑事事件をはじめとしてさまざまな事件に追われる日々は終わりそうにない。

この時期に新たに関与することになったのは、自閉的傾向を持つ知的障害の男性が、作業所で作ったパンを八尾市駅前で販売しているときに、通りかかった幼い男児を抱え上げて陸橋から落とし、重傷を負わせたという八尾事件。これは冤罪事件ではない。彼が働いていた作業所からの依頼で、被害児側から提起された民事訴訟で、作業所側がどこまで責任を負わなければならないのかを検討するという鑑定である。障害を持った人たちが地域でともに暮らすために、作業所やグループホームでの彼らの生活を、地域の人々の暮らしのなかにどのように折り合わせていけばよいのか。こうした事件によって、障害者の地域での暮らしを支えようとする施設・作業所の側に過重な責任を負わせることになれば、障害を持つ人たちとの共生はさらに遠くなってしまう。これもまた重い問題である。

18　自分の首を絞める「悲しい嘘」

先日（二〇一〇年三月二六日）、足利事件の再審公判で菅家利和さんにあらためて無罪判決が下された。そろそろ話題をそこから転じなければならないのだが、前回までの話の流れを受けて、この判決の内容に少し触れておきたい。

「任意の虚偽自白」という逆説

菅家さんは、再審によって、ようやく逆転無罪が確定した。そのことはほんとうに嬉しいことである。しかし私は、判決公判のあった昼過ぎ、テレビで、泣きながら喜びの声を上げる菅家さんの姿を見つつ、片方で判決へのコメントを求める新聞社からのファックスに目を通して、複雑な思いに駆られていた。

新聞でもテレビでも十分なかたちで報道されなかったが、菅家さんが捜査段階で取られていた自白について、裁判所は「任意性」を認め、それを証拠から排除しなかった。ただし、ＤＮＡ鑑定は明らかに間違っていたので、自白に「信用性」はない、だから無罪だというかたちで結論を下したのである。

多くの人は、「よかった、よかった、これで菅家さんも潔白を認められ、晴れてこの娑婆で生きていける」ということで、とくに疑問を感じなかったかもしれないのだが、じつを言えば、判決の中身は単純に喜んでよいようなものではなかった。

実際、自白の任意性を認めて、しかし信用性はないとして否定するということは、菅家さんが任意に（つまり自発的に）自白して、しかしそれは虚偽だったということになる。平たく言ってしまえば、菅家さんは自分から進んで嘘の自白をしたという話になる。

もう少し具体的に言うと、ふつうの人なら嘘で自白するはずがないような取調べ状況で、菅家さんは嘘の自白をしてしまったと、裁判官は認定した。そのうえ、判決文のなかには「強く言われるとなかなか反論できない菅家氏の性格など」ということを持ち出して、虚偽自白の原因の一部が菅家さんの側にあるとも解釈できる認定を行ったのである。

三人の裁判官は判決言い渡しの後で、「菅家さんの真実の声に十分に耳を傾けられず、一七年半もの長きにわたり自由を奪う結果となりましたことを、この事件の公判審理を担当した裁判官として、誠に申し訳なく思います」と謝罪し、裁判官席から菅家さんに深々と頭を下げたというのだが、そうした謝罪をするくらいなら、判決のなかで、菅家さんが嘘の自白をせざるをえなかった状況に対して、もっと踏み込んでメスを入れ、「自白の任意性」とはいったい何なのかを深く究明すべきではなかったか。

これまで裁判所は、自白は虚偽だとの被告人らの主張に対して、「任意性」がないとして自白そのものを証拠から排除するということをほとんどしてこなかった。それこそ拷問があったとか暴力や脅迫があったという、取調べ上の外形的な問題が証明されない限り、取調べ捜査官が法廷に出てきて、「私たちは無理な取調べはしておりません」と証言するだけで、それを簡単に信用して、自白そのものは証拠として採用してきたのである。そのことの問題性に、今回の再審判決も踏み込まなかった。

奇妙な、しかし健気な嘘

虚偽自白は無実の人が自分から罪を認めてしまう奇妙な嘘である。この奇妙な嘘が、じつは、子どもとおとなのあいだで生じることがある。

ある小学校での話。幼稚園や保育所から小学校に上がってきた子どもたちが、学校という場になじんできた二学期の終わりごろ、一年生の教室では次年度のカレンダー作りをするという活動が行われていた。先生の指導のもと、手順に沿ってカレンダーを作るということで、子どもたちが一人ひとりそれぞれのペースで工程を進めていくのだが、途中で先生が用紙の足らないことに気づいて、作業が早く進んでいた二人の子どもに、事務室に行って用紙をもらってくるように頼んだ。

授業中に先生から用事を頼まれて教室を出るというのは、子どもにとって誇らしいことで、二人は意気揚々と出かけ、残った子どもたちは「いいなあ」と羨ましがったりする。それでもほとんどの子どもたちは、それぞれ自分の作業を続けていたのだが、そのなかで、ふだんからちょっと落ち着きがなくて先生から注意されることの多いU君が、出て行った友だちのことが気になって仕方ないらしく、二人が出て行った扉のところに行って、扉に手をかけ、しきりに外の廊下をのぞいたりしていた。

先生は他の子の作業の指導でU君のことを見ていなかったのだが、ふと気づくとU君が教室の出口の扉に手をかけて、うろうろしている。そこで先生はU君のところに行って、「どこに行っていたの？　授業中は勝手に出て行ったらだめでしょう」と叱った。U君が教室から出て行っていたものと誤解したのである。

こういう誤解はよくあることで、誤解は誤解でちゃんと正せば問題はないのだが、U君はそこで「どこにも行っていません」と、ほんとうのことを言えず、つい「おしっこ」と答えてしまった。教室の外に出て行ったものと思い込んで叱りつける先生の勢いを前にして、U君は誤解を解くこともせず、嘘をついて外に出たことを認め、外に出て行く理由として唯一許容される「おしっこ」を言い訳に、その場をやりすごそうとしたのである。これはU君が文字通り自分から自発的についた嘘である。しかしこのU君の自発性の背後には、どうせ言っても分かってもらえないだろうという諦めがある。大仰に言えば、U君はそこで先生との権力関係を認めて、それに逆らわず、素直に服従したのである。

子どもが学校になじむというのは、学校のなかを空気のようにおおっているプチ権力を読み、そこで波風を立てずに生きるすべを見つけていくということでもある。先生の単純な誤解に抵抗もせず、自発的にこれを受け入れていくU君のこの嘘は、健気でもあり、しかしやはり奇妙でもある。

おとなと子どもとのあいだには、ふだんはそれと気づかない権力関係があちこちに渦巻いている。そこでの子どもの自発性は、まったく素朴な意味での自発性ではなく、ヒョットすれば刑事取調べにおける虚偽自白にも通じる「強いられた自発性」の一つかもしれない。

（二〇一〇年五月）

のちのちの記18

この年（二〇一〇年）の三月に定年を迎え、いったん「大学教員」の肩書は下ろしたのだが、刑事裁判の仕事は続いていて、何か肩書をつけないわけにいかない場面もある。それで「供述心理学研究所」なるものをでっち上げた。文字通りの一人研究所で、所員も事務員もいない。ただ、京都の北にある美山のあばら家に看板だけはかけ、供述分析の資料をそこにまとめて収蔵している。実際、ほとんど大学教員の経歴と同じくらい長くやってきた供述分析の仕事も、その成果を何らかのかたちでまとめなければならない時期にきている。まずはその足場になればという思いである。

もっとも「供述心理学研究所」というのは、いくらでっち上げとはいえ、この連載の肩書としてふさわしくない。ということで、当時は連載添付のプロフィールには「元大学教員」と記した。ともあれ、待ちに待った定年ではあったのだが、大学で学生さんたちに囲まれる仕事から遠ざかったことで、しばらくは何かしら身のまわりが寂しくなった。何十年も続けてきた習慣というのは恐ろしい。自分を囲む日々の空気が違うと、何かと落ち着かないものらしい。それでも元大学教員にとっては、一般のサラリーマンの定年と違って、その落差が言うほど激しくはなく、定年後も、それまでの仕事の延長がなだらかに続いてくれる場面がある。

本稿で紹介した「奇妙な、しかし健気な嘘」は、大学院で関わっていた院生がフィールドとして入った学校で拾ってきたエピソードである。人の生きている現場には、それが子どもであれ高齢者であれ、それぞれにその場の空気があり、しかもその空気には流れがあって、高みから低みへ、強きから弱きへと風は動く。どれほど善意の人々ばかりの場であっても、そこには力の落差というものはあり、どこかで「プチ権力」が醸成されていく。

そして、そのプチ権力の構図の下に「プチ冤罪」が生まれることもある。学校の場にそうした社会の構図を見ることができるのも、フィールド観察ならではのこと。しかし、案外にこうしたエピソードを素直に拾い出した研究は少ない。

19 何かに「はまってしまう」ということ

人が何かをするとき、喜んで自分からするということと、いやいやでも、しぶしぶでも、とにかくするということがある。これまで（17、18）「強いられた自発性」と言ってきたのは、表向きはこの後者にあたる話なのだが、じつはよく考えると、この区別はそれほど単純ではない。

はまるということ

たとえば、嗜癖とか依存というのは、まわりがやめさせようとしてもやめられないもので、周囲の人には、自分から喜んでやっているとしか見えない。しかし、本人はそれで深刻に悩んでいたりする。

アルコール依存の人は、好きでお酒を飲んでいるようでいて、本人に言わせれば、どうしようもなく飲んでしまって、そんな自分をさんざん自己嫌悪している。身体がアルコールを求めるというのか、とにかく自分でこれをコントロールできない。

嗜癖にはまってしまって自分ではどうしようもないために、かつてはこれを「アルコール中毒」と呼んでいた。英語で言えばアルコホリズム（alcoholism）である。-ism というのは、そのまま訳せば「主義」で、言ってみればアルコホリズムはアルコール主義である。となると、「主義者」として、はっきり自分から自発的に、決然とアルコールを飲んでいるのだ、というふうになりそうなものだが、現実は、まったく違う。

私なども、これで言えば、そうとうにアルコール主義者なのだが、最初の一杯、二杯はほんとうに美味しいとしても、それ以降は味わうというより惰性で飲んでいて、自発的に飲んでいるのかどうか、自分でも分からなくなる。人は「自制心」がないとか言うが、これがじつはそうそう簡単なことではない。

それはともあれ、「中毒」というのは、ほんとうは「ヒ素中毒」とか「食中毒」とか、文字通りに身体を外から侵襲する毒を意味するもので、アルコール中毒というのは、その意味で「中毒」ではない。だからこそ医学的にはアルコール依存ということばが用いられる。しかし、「依存」というのも、分かったような分からないような奇妙なことばである。

依存とは、自発性を放棄して、相手に身を任せること。頼りがいのある相手なら、それでもいいのかもしれないが、じつのところは、依存しながら、だからこそ、その依存した相手に自分が左右される。しかも、そのことが分かっても、なお自分から自発的に依存を求める。まるで自己矛盾なのだが、多くの人がそのサイクルにはまってしまう。

それは人に依存するときも、酒や薬物、あるいは賭博やゲームにはまってしまうときも同じである。サイクルを直接断とうとしても簡単ではない。問題は、むしろサイクルを支える生活のかたちの側にあって、そこが変わらないかぎり、サイクルはそのまま維持される。

たとえば私が、酒びたりの日々を過ごさなくてすんでいるのは、昼間の生活で、とにかくやらなければならないと思っている面白い仕事があり、その仕事をともにする仲間がいるからで、もしそれがなければ、簡単にアルコホリズムのサイクルにはまってしまうのではないかと思う。

子どもがゲームにはまるとき

子どもがゲームにはまるというのも、基本的に同じこと。私にとってお酒が美味しいように、子どもたちにとってゲームは面白い。それは当たり前のことである。おとなだって、マージャンやパチンコにはまるし、子どもたちの興じているゲームでも、面倒がらずに手続を踏めば、十分にはまるはずだ。

思い起こせば、私自身も二〇代、お先真っ暗で、自分がこれからどうなっていくのか、まったく見通しがもてなかったころ、すっかりパチンコにはまっていた。パチンコ台の盤上に繰り広げられる浮き沈みを前に、高揚感と虚脱感に揺れながら、何時間も座り続ける。それでも、かつがつ自分なりにやりたいことがあって、中毒にまではいたらなかった。そしてやがて、騒音とタバコの煙のなかで座っていること自体が苦痛になって、すっかり離れてしまった。そういうものなのだろうと思う。

子どもたちがゲームに興じ、そこにはまり込むことを、たいていの親は喜ばない。ゲームというバーチャルな世界にのめり込んで、学校の勉強がおろそかになってしまうというのが、親の心配の定番なのだが、問題はゲームの側にあるというより、むしろ学校の勉強が面白くないということにあると言った方がよい。ゲームをほどほどにして勉強したいと思えれば、子どものゲームについて誰も文句は言うまい。しかし、現実には学校の勉強を面白がる子どもたちは少ない。

勉強は面白くないもの。面白くなくてもやらなければならないから、「勉強」なんだと言う人もいる。しかし、原則論から言えば、勉強が面白くないのに、面白いゲームをやめて勉強に励むということにはけっしてならない。

親からすると、ゲームはあくまでバーチャル、楽しくったって何の役にも立たない。しかし勉強は子どもの将来を決めるリアルそのもの。リアルな世界を放っておいて、バーチャルな世界にはまるなんてことになると、それこそ子どもの将来は危うい。そう親には思えてしまう。

ところが、子どもからすれば、ゲームがバーチャルだとすれば、学校の勉強も同じくらいバーチャルである。たしかに、勉強の成績次第で自分の将来が左右されると言われれば、そのとおりかもしれないし、そのことには子どもなりに不安も恐怖もある。その意味ではリアルである。しかし、学校の勉強で知ったことも、身につけたことも、試験という場で使うだけで、子どもたちの日々の生活世界のなかに直接生きてはいない。そうだとすれば、そこに文字通りのリアリティを感じるはずもない。

親は、学校の勉強こそ将来に役立つ大事なものだと思い込んでいるが、遠い将来に実感を持てない子どもたちにとって、それはゲームと同等にバーチャルである。とすれば、面白いゲームにはまるのも当然。そのバーチャリティを追い落とすだけのリアリティがほかになければ、この嗜癖のサイクルを断つ手立てはないということになる。

子どもたちは自ら自発的にゲームにはまっているように見える。しかし、じつは、そのことを強いている状況もまた確実にあると言わなければならない。「強いられた自発性」ということばの、もう一つの逆説的な意味が、そこにはある。

（二〇一〇年七月）

のちのちの記19

定年後に、「自由業」という名のエアポケット状態に陥るのではないかと思っていたが、案に相違して順調。その後も変わらない日々を送ってきた。もっとも「自由業」になったうえで、そこでは「自由」にアクセントがあるというより、「業」にアクセントがあるという気分。定年までにやっていた仕事の延長上で、まだまだやらなければならないことは多い。本稿での「強いられた自発性」というテーマに重ねて言えば、定年によって「強いられた」という冠がなくなったぶん、「自由」の内実が問われている。だからこそ、まさに自分の「自発性」が試されているということになるのかもしれない。

本稿を書いてすでに四年余りになるいま、NHKのBS放送で、視聴者から手紙を募って、その「思い出の地」を巡り、俳優の火野正平が日本全国を自転車で走っていく番組を、たまに見ることがある。火野正平が何人かの若い撮影チームの人たちと自転車で走るのを追うというだけの番組だが、けっこう人気があるらしい。その火野正平は私より三つ四つ年下なのだろうか。昔なら「老人」といっていい年齢になった火野正平が、長い坂道をはあはあ言って登っていく。それをひたすらカメラが追うのだが、秀逸なのは登り終えて下る場面。そこで彼は「人生、下り坂最高！」と言う。そこで私は「なるほど」と思う。

「定年」後の暮らしは、よく言えば、そんな気分。サラリーマンの定年のように、そこでそれまでの生活とぷっつり切れてしまうのではなくて、大学で仕事をしてきて、そのうえ供述分析というおまけのお仕事までいただいて、定年で時間が自由になったぶん、あとはそのままの延長で下っていけばよい。そうして何かしら落とし前がつけられれば最高！
そんな気分になれる。

こんなふうに言ってしまえば、あまりに気楽に見えるかもしれないのだが、それなりに思い切ったこともできる。それだけの自由な時間が、たしかに増えた。そのなかでアルコールに溺れることもなく、歯止めのない仕事にどっぷりはまり込んでしまうこともなく、まずまずの暮らしぶりを続けて、それを楽しめたらと思ったりもする。「下り坂」というと何かネガティブに聞こえるが、じつはけっしてそうではない。

20 強いられた宿題を引き受けるというジレンマ

楽しくて、面白くて、最初は自分から「自発的」にやりはじめたものの、やがてその世界にはまりこんでしまったときには、今度はそこから抜けることができなくなって、あげくに生活そのものが破綻することにもなる。おとなのアルコール依存や子どものゲーム中毒はその典型で、そこで人は、言ってみれば「自発的に入ったはずの世界から、自発的には抜け出せない」という、まことに皮肉な事態に陥ることになる。前回の最後にお話ししたのは、そうした種類の「強いられた自発性」なのだが、こういう例を見ると、人間は自由なようでいて、じつは自由ではないことを思い知らされる。

今回お話ししたいのは、同じく「強いられた自発性」といっても、これとは反対に、面白くなくても、とにかくやらなければならないというかたちで最後にそれを引き受けていく、その自発性の問題である。

引き受ける「自発性」

周囲から強いられて、いやいやでも、しぶしぶでも、とにかくやらなければならないと言われ、結局はこれを引き受けざるをえないというようなこと、これもまた、誰もが何らかのかたちで体験することである。

なかには、そうして実際にやってみると、案外に面白くて、ためになったというようなこともあって、そこから新しい世界が開かれていくことにでもなれば、それはまことにけっこうで、有難いことである。そうなれば、最初は強いられたものであっても、結果的には悪くはなかったということになる。ただ、現実はそうそううまくはいかないことの方が多い。

これまで何度も触れてきた虚偽自白などは、その真逆の極にある例で、そこでは、強いられて、強いられて、しかし最後にどうにも辛くなって口を割る。その最後の局面で口を開き、「私がやりました」と声を出して言うのは当人以外の何者でもない。つまり、最後は自分で、ある意味「自発的に」それを引き受ける。もちろん、だからといって虚偽自白は当人の責任だということにはならない。ただ、当人のなかでは「強いられた」というところがどれほど強く意識されているにせよ、少なくとも最後に引き受ける局面には、何らかの「自発性」が働いていることを否定できない。ここでも、こうした究極の場面で、人間の自由はその程度のものでしかないということを思い知らされることになる。

ここまで極端な例はめったにないかもしれないが、同様の例は、考えてみれば、身のまわりにいくらでもある。

宿題と自発性

たとえば、子どもが学校で与えられる宿題もその一つと言ってよい。実際、学校の勉強に宿題はつきもので、思い起こしてみれば、おそらく誰もが学校時代の思い出として、宿題にまつわるエピソードを一つや二つは持っている。それは今も昔も変わらない。いや、学校問題が子どもの生活の大きな部分を占めるようになった今の方が、宿題に苦しむ子どもたちはずっと多いかもしれない。

なかには宿題を喜んでやるなどという子もいなくはないかもしれないが、それはまさに例外で、たいていの子どもたちはやる以外にないので、しぶしぶやっているというのが実際であろう。

夏休みの宿題なども、どうせやらなければならないのだからと割り切って、最初の二、三日でさっさとやって、あとは遊び呆けるという子どもがいる一方で、やっと夏休みになったと喜んで、宿題などそっちのけで、遊びに遊んで、夏休みの終わり間際になって、親から尻をたたかれながら、暗い気分で取り組む子どもは少なくないし、あるいは、とにかく友だちがやったのを写してでも、なんとか格好をつけるという子どももいる。

イランのアッバス・キアロスタミ監督には、文字通り『ホームワーク』と題した作品がある。宿題をやってこなかった生徒たちにひたすらインタビューをして、子どもたちの言い訳やら言い分を聴き取り、それを編集したという、ちょっと変わった映画である。この映画はあまり知られていないが、同じ監督の『友だちの家はどこ』はけっこう評判になった映画で、ご覧になったかたも多いかもしれない（二〇年ほども前の映画だが、いまでもビデオショップにあるはず）。この映画でも、宿題がストーリーの背景にあって、そこに子どもたちの生活が浮かび上がるという仕掛けになっている。どの国も、この点では大差はないのかもしれない。

この「宿題」というのは何なのだろうかと考えてみると、これは学校で先生が目の前の子どもたちにさせる課題ではなく、家でやってきなさいということであるから、先生の直接の強制圏を超えたところで、言ってみれば子どもの「自発性」を前提にしたものである。もっとも先生が目の前でさせる課題にしても、実際には子どもが鉛筆を持ってやらなければならないという意味では、少なくともそのレベルでの「自発性」が前提ではある。しかし、家で行う宿題となれば、少なくともそれ以上の「自発性」が子どもに求められる。

もっとも、親が先生のようになって、目の前で子どもを監視するということになれば、学校でやるのと変わらないが、家ではさすがにそこまではできないのが一般的だし、子どもによっては宿題が出たことを親に言わないでおくことだってできる。そう考えれば、先生が子どもに宿題を課すのは、子どもに対してそれなりの「自発性」を期待しているからだと言える。

ただし、宿題はやってもやらなくてもよいものではなく、かならず先生に提出して検閲を受ける建て前になっているから、子どもにとっては明らかに「強いられた」もの。宿題で子どもが求められるのは、まさに「強いられた自発性」そのものである。

教師からすれば、授業だけでは時間が足りないので、ドリル的なことや応用的なことは家でもやらせるということなのだろう。また一方で、子どもに自分で勉強する姿勢を身につけさせたいという意識で宿題を出すということもあって、親たちもそれを期待していたりする。しかし、それは子どもたちからすれば、自分たちの「自発性」がそのようにして外から組織されるということでもある。はたしてこれが、子ども自身にとってどういう意味を持つかは、あらためて考えておく必要がある。

（二〇一〇年九月）

のちのちの記20

「のちのちの記16」で紹介し、その後、大学の最終講義でも取り上げることとなった日野町事件について、ほぼ一年かけてようやく自白の供述鑑定が終わったのが、ちょうどこのころだった。鑑定結果は、再審請求人の阪原弘さんの自白は、単に信用性がないというだけでなく、そこを越えて、これは真にその犯行を体験した者の自白ではなく、むしろ無実の人が事件についてのヒントを外部から得ながら想像で語ったものでしかないというもの。先にも見たように、「自白が無実を証明する」という命題がそのままあてはまる。私にとって、この結果はもうほとんど論理的な帰結と言っていいほどのものだが、裁判所がこの程度で動くことはない。とすれば、供述分析のこの「論理」を一般化できるだけの論の体系を作り出すのでなければ、現実の裁判には通用しない。自分一人で「論理的なはずだ」と言い募っても、現実は動かない。裁判官たちの頭を縛っている彼らの論理（それはおそらく多くの人たちの論理でもある）がどうなっているかを暴いたうえで、その縛りを解く方法を考えていかなければ、と思う。

そして、そう思い直しているところに、また次の事件が待っている。今度もまた殺人事件の再審請求である。請求人は姫路市の八〇歳の男性。内縁の女性が殺されて、一番身近にいたこの男性が疑われたというもの。この男性も取調べの過程で自白を取られている。いったん自白した後にすぐに撤回はしたのだが、結局はこの自白がネックとなって懲役七年の有罪が確定。殺人で懲役七年というのは破格の軽い刑で、弁護人の話によれば、裁判官が有罪判決に自信が持てなかったために刑が軽くなったのではないかという。しかし、それは明らかに変だ。有罪に自信が持てなければ、もちろん判決は無罪でなければならない。ところが、ときどきそうしたことが起こる。九九・九％の有罪率のなかで、裁判官は無罪判決を出すのに勇気がいるともいう。しかし、これもまた変なことだ。

この姫路の男性は、最高裁まで争って負け、結局、その刑を務めて出所後、やはりやっていないのだからと再審を請求した。その後、私はこれについても鑑定書を提出したが、二〇一四年に再審請求棄却の決定が出る。ここまで書いてきた私の鑑定例を見て驚かれるかもしれないが、私は冤罪主張のある事件に関わって、ほとんど負け、負け、負け、負け……の連続なのだ。鑑定が認められて勝訴につながったのは、ほんの数件にとどまる。もちろん、どの負けにも納得していない。だからこそやめるわけにはいかない。

21 ほんものの「自発性」はどこにある

やがてほんものになる「自発性」

親や教師が子どもに、あることをできるようになってほしいと願って、子どもにそれを勧め、あるいは多少強引でもやらせようとすることは、どの時代でも、どの地域でも、かならずある。それは、前の世代のおとなが次の世代の子どもに向けて行う一般的な関わりの一つである。

たとえば、いまの日本の場合なら、ピアノの好きな親が、子どもにもぜひピアノの演奏を楽しめるようになってほしいと願って、ピアノを教え、あるいはピアノを正式に習う教室に通わせるとか、子どもにはぜひスポーツをやらせて身体を鍛えたいと思う親が、地域に子どものサッカーチームがあるのを知って、自分の子どもを参加させようと考える。そういうたぐいのことは親子のあいだでいくらでも起こる。

そうして子どもに音楽やスポーツをさせようとしたとき、最初は好奇心で子どもが喜んでやりはじめても、子ども自身、しばらくすると相当の根気と努力を要することだと気づいて、もうやめたいと言い出したりする。それでもいったんやりはじめた以上、親として簡単にやめさせるのはどうかと思って、もう少し頑張ってみたらと激励したり、あるいは尻を叩いてでもやらせようとしたりする。

そうなると子どもは、親から強いられた気分になるが、それでもしばらくは、とにかくピアノの前に座り、あるいはサッカーグラウンドに出かけて、求められたことをいやいややり続けるということになる。それはまさに、これまで話してきた「強いられた自発性」そのものである。しかしこの局面を超えて、やがてほんとうにピアノを弾くのが楽しくなり、あるいはサッカーをするのが面白くなる子どもも出てくる。そうなると、もう「強いられている」という気分は一切なくなって、まわりから止められてもやるというふうになっていく。それはまさにほんものの自発性である。

ピアノやサッカーの場合、おそらくそうしたほんものの自発性にいたらないかぎり、長くは続かない。実際、ピアノやサッカーなら、子どもが嫌だと言い出したとき、親が激励し、もうひと押しをしても、それでもなお子どもがかたくなに嫌がれば、それ以上強くは押さないのがふつうであろう。ピアノやサッカーをやめたからといって、それで人生が終わるわけではないし、別の選択肢を考えることが、親にも子にも可能だからである。だからこそ、そうした活動領域ではほんものの自発性が見えやすい。

しかし、学校の勉強の場合はどうだろうか。

勉強の世界

学校の勉強となると、子どもが嫌だと言い出し、そこで親がひと押しして、それでも嫌がったときに、そこで「じゃあ、やめたら」と言う親はまずいない。子どもの方も自分から嫌だと言ったうえで、「もうやりません」と割り切るのは難しい。というのも、学校の勉強をやめたときには、その後に続く別の選択肢が、親にも子にも簡単には見つからないからである。

その結果、勉強については、面白くなってまわりが止めてもやり続けるというほんものの自発性に達する子どもの姿よりも「強いられた自発性」が目立つことになる。実際、勉強というものは嫌でもしなければいけないものだと思っている人が多い。子どもたちだって、大半はそう思っている。しかしほんとうにそうなのだろうか。「嫌でもしなければならない」という考え自体が、少しおかしくはないのだろうか。

「強いられた自発性」には問題がつきまとう。それは虚偽自白のような極端な場合に限らない。前回に取り上げた子どもの宿題にしても、子どもたちがそれを強いられてやる限り、そこには必ず本来の趣旨から外れた奇妙なことが起こってくる。

宿題はクラスの子どもたちに一律に出される。ところが、その宿題を出される子どもたちの方はさまざまである。集中すれば二〇分でできる子どももいれば、一時間はかかるという子どももいる。場合によっては、誰の手助けもなく一人でやるとなると、二時間かけても無理な子どもだっている。そうすると同じ宿題を課されても、子どもによってその負担度は大きく異なる。

先日ある集会で出会った学童保育の指導員は、子どもたちの宿題にどう対応すればいいか悩むという。放課後、学童保育にやってくる子どもたちは、宿題をやらなければ遊べないことになっている。二〇分や三〇分でできる子はいいのだが、一人でやらせると、宿題だけで保育の時間が終わってしまうような子どももいる。手伝ってやろうとすると、早く遊びたいものだから、答えを教えてと言ってくるのだという。

もちろん、答えを教えるわけにはいかない。しかし、ヒントを与えたりしながら手伝ったとしても時間はずいぶんとかかる。同級の他の子どもたちが宿題を終えて、遊びはじめると、もう気もそぞろになって集中できない。そのために余計に時間がかかる。そういう姿を見るにつけ、宿題って何なのだろうと思ってしまうというのである。

「強いられた努力」などない

「強いられた自発性」が、どこかでほんものの自発性になっていくことはたしかにありうる。勉強だって、最初は強いられていても、そのうち面白くなってくるということがありうる。ただ、現実には、それはむしろ珍しい。

勉強が面白くて、周囲が止めても、なおやるというような子どもは、たいてい、最初「強いられた」ところからはじまって長く努力したあげく最後にそうなったというより、やりはじめてすぐに面白さを見つけて、そこに「はまってしまった」と見た方が正確であろう。

二宮金次郎は努力の象徴のように言われる人物だが、じつのところは、薪を背負って仕事をしながらでも本を手放せないほどに、勉強にはまっていたのであって、強いられて努力していたのではない。「強いられた努力」という言い方自体が、じつは自己矛盾である。周囲から「努力」と見えたものは、むしろ面白くてはまってしまったその結果だったと見た方がよい。

「努力して偉くなる」という勉強観は、その「努力」の背後に、嫌でも頑張ってやるのだというニュアンスをにおわせているが、実際は逆で、面白くてはまってしまったがゆえに勉強を手放せなくなって、その結果として大きな成果を上げる。そう思わなければ、彼らの行動は理解できない。

（二〇一〇年一一月）

のちのちの記21

定年で自由の身になって半年余りたったころのこと。大学をやめたというだけでなく、二〇年以上関わってきた障害児保育の仕事からも身を引き、子どもの現場からすっかり遠ざかって、少しさみしい思いをしていた。そこに「川西市子どもの人権オンブズパーソン」からのお誘いがあった。じつは、前年にも一度話があり、その時点ではペンディングしていたのだが、ちょうど本稿を書いていたころになって、再度のお誘いがあった。

「川西市子どもの人権オンブズパーソン」というのは、一九九四年の子どもの権利条約批准を受けて、一九九九年に兵庫県の川西市に、市の条例に基づいて作られた、わが国最初の子どもの人権救済・擁護の相談機関で、その後、同様の機関がいくつかの自治体にできていく。子どもたちや保護者からの相談を直接受けるのは四人の相談員なのだが、相談内容についてさらに周囲との調整や調査が必要な場合に、三人のオンブズパーソンがそこに加わって協議し、学校や行政機関との連携のもとに問題解決を図っていく。その三人というのが、心理学領域、保育・教育学領域、法学領域の専門家・研究者。法学領域は基本的に子どもの人権に関わる仕事をやってきた弁護士ということになっている。私が招請を受けたのは、このうちの心理学領域の専門家としてである。

　大学での仕事には未練はないが、ふたたび子どもの現場に関わらないかというお誘いには、正直言って、やはり気持ちが動いた。この翌年から、このオンブズパーソンの仕事に週に一日は出かけることになる。そして、二〇一四年のいま四年目である。その後も、刑事裁判の仕事にどっぷりの生活に変わりはないが、私のなかにはやはり子どもの現実を見る仕事にも未練があったようだ。

　それにしても、この新しい仕事のなかで、子どもの生きる現場の苦しさ、厳しさを、あらためて体感している。

22 強いられた状況を越えられない子どもたち

ここまで「強いられた自発性」というテーマで長く書いてきて、そろそろこれは打ち切って、別の切り口から子どもの問題を考えようかと思っていた矢先、群馬県桐生市で起こった小学六年生の少女の自殺事件が新聞やテレビで大きく取り上げられるのを見て、もう一回だけこのテーマで書かせてもらうことにした。人が自分から自分の死を自発的に選んでしまうのは、それだけ辛く厳しい状況を強いられてきたからにほかならない。その意味で自殺こそは究極の「強いられた自発性」である。

自殺といじめ

少女は母親のために編みかけたマフラーで首を吊って自殺した。二〇一〇年一〇月二三日のことである。少女は生前、同級生から心ないことばを投げつけられ、仲間外れにされたことに苦しんで、学校も休みがちになっていたという。両親は、娘の自殺という現実を突きつけられ、学校に対して「自殺の原因はいじめだ」と訴えたのだが、当初、学校側は

「学級内に人間関係の問題はあったが、いじめがあったとは認識していない」として、いじめの存在を認めなかった。

しかし、その後マスコミで大きく報じられたことを受けて、全校児童を対象にアンケートや聞き取りを行ったところ、複数の子どもたちから「くさい」と言われたりして、仲間どうしで食べる給食も一人で食べていたことが判明した。それで学校側は、二週間あまり経った一一月八日になって記者会見を開き、いじめがあった事実を認めて、校長らが両親に謝罪した。ただ、自殺との因果関係については「自殺は予測できず、直接的な原因は特定できなかった」として、なおこれを否定している。

両親と学校とのこうしたやりとりを見ていると、何かデジャ・ヴュの感覚を禁じることができない。実際、この何十年来、こういう事件が起こるつど、きまって学校側は、最初いじめの事実をできるかぎり否定し、次いでそれを認めざるをえなくなったときには、自殺との因果関係を否定する。こうした展開をこれまで何度、目にしてきただろうか。こんなつまらない組織防衛を繰り返すかぎり、私たちがほんとうに知らなければならない「問題の根」はますます見えにくくなってしまう。

学校側は、今回の事件に対して対策案を公表している。いわく、①相談体制の充実や学校生活アンケートの定期的実施、②道徳の時間の活用、③授業中の児童指導の充実、④保護者との連携、⑤地域との連携、⑥教育委員会との連携を掲げ、さらに市教委は学校カウンセラーの増員や対応マニュアルの作成を図るのだという。しかし、これらはほとんど表面的なもので、皮肉に見れば「事件」を終わらせるためのアリバイ作りのようにすら見える。少なくとも、学校側はここで、自殺にまでいたった少女自身の「強いられた状況」を、その少女自身の視点から見つめようとはしていない。

少女が生きていた「学校という場」

もちろん、私も新聞やテレビでこの事件を見ているだけの立場で、それ以上の情報が入っているわけではない。しかし、考えなければならない問題は、学校側が提示したようなアリバイ的な対策ではなく、自死した少女にとって「学校という場」がいったいどのようなものだったかではないのか。

少女は、四年生の秋に愛知県から転校して、しばらくして友だちもできて新しい学校になじみはじめていたのだが、五年生のときにフィリピン国籍の母親の容姿をからかわれてから、いじめが目立つようになり、六年生になって仲間外れにされたり、ことばで意地悪を言われたりで、学校を休みがちになっていた。亡くなる二日前、校外学習に参加したときには、同級生に「何でこんなときだけ来るのか」と言われて、辛さに耐えられず、担任に訴えて、大声を上げて泣いたと報じられている。

そこだけ取り出せば、どうしてそれくらいで自殺までするのかと思う人がいるかもしれない。しかし、学校という場は、同じ年齢の子どもたちが寄せ集められ、一人ひとりが学力をつけるという名目で、事実上むき出しの人間関係を生きることを強いられている。

そうした同年齢輪切り集団の場には、その同質性のゆえに、相互に支え合い、守り合うような関係はなかなか生まれない。むしろそこに生まれるのは、群れ合い、競い合う関係である。そしてそこからは、この少女のように、ちょっと目につくスティグマ（刻印）を持っているというだけで排除されていく子どもたちが出てくる。ところが、その排除される側の子どもの痛みが、周囲にはなかなか分からない。

自殺と殺人

ここで思い出すのが、数年前に佐世保市で起こった同級生殺人事件である。これも小学六年生の少女の事件だった。五年生までは仲の良かった少女がネット上の行き違いで仲間外れにされ、昼休みの時間帯に加害女児がカッターナイフで被害女児の首をかき切って殺害した。

あの事件でも、周囲から浮いていた加害女児が、授業中の班分けで、仲間に入れてくれるグループがなく、教室で一人呆然と立ち尽くすということが、その数日前にあった。これが直接に殺人事件につながったとは言えないにせよ、大きな背景となったことは間違いない。

これもまた、それくらいでと言われるかもしれない。しかし、同質者の集団のなかで自分一人が浮いてしまい、しかもその事実が衆目のもとにさらけ出されたとき、それに耐えることは、まだ一一、二歳の少女たちにとって容易なことではない。もちろん、これだけで殺人や自殺につながることを予測することはできないかもしれないが、そうした状況にさらされて過激な行動に出る子どもがありうることは、可能性として十分に考えておくべきものであろう。

今回の少女は、五年生のとき、自己プロフィールの願い事の欄に「学校を消すこと」と書いていた。しかし、少女は結果的にこの学校によって消されたのである。このことの重みはそのままに受けとめなければならない。因みに、佐世保事件後、長崎県の教育委員会は、今回の桐生市の自殺事件で学校側が提示したのとまったく同様の提言をまとめていた。これが学校のなかで子どもたちが強いられている状況からみて、いかに的外れなものであったのか。ここでもまたあらためて考えなければなるまい。

（二〇一一年二月）

のちのちの記22

いじめによる自殺というテーマは、わが国の学校がこの三〇年、繰り返し出会わざるをえなかった問題である。しかし、これに対する学校や教育委員会の対応は、前記のとおり、まるで判を押したように変わらない。私がそののち仕事をすることになる「川西市子どもの人権オンブズパーソン」でも、二〇一二年に市内に在住の県立高校二年の男子生徒が二学期の始まるその日に首を吊って自殺するという出来事に関わった。その自殺の原因をめぐって、亡くなった男子生徒の保護者は学校側に調査を申し入れるが、その間にさまざまな行き違いがあって、学校への不満をつのらせ、私たちのオンブズパーソンに調査の申し立てがあった。

これを受けて私たちが行った調査については、先の「のちのちの記8」でも触れたのだが、学校や教育委員会は、結局のところ、防衛的に構えてしまうし、せいぜい対症療法的な対策しか考えず、いまのこの時代において「学校という場」が子どもたちにとってどのようなものになっているのかという根本的な問いを避けてきた。

男子生徒は遺書も書かずに亡くなってしまった。それゆえ彼の自殺がいじめによるものかどうかを決定的に判断する材料はない。しかし、仲の良い家族のなかで、一人っ子として育って、そこに自殺にいたるような状況はうかがえない。一方、学校において彼は、ずっとクラスのなかで浮いていて、周囲にいた三人のクラスメイトから繰り返しいじられ、からかわれ、そのことをひどく嫌がっていた事実があった。そして、二学期にもまた同じ状況がクラスに再現されることが見える状況のなかで、彼は始業式のその当日に首を吊ったのである。学校状況が直接の原因だとは言えないとしても、その要因を正面から受けとめるのが筋というものであろう。

そのうえで、学校の責任をうんぬんするという以前に、私たちにとって気になったのは、学校という場が彼にとって、また加害の子どもたちにとってどういうものだったのかということであった。いじめといっても直接の暴行や脅しなどがあったわけではない。おとなしくて言い返しもできない彼に、「ムシ」（無視と虫をかけて）と言ったり、死んだ虫を押しつけたり、口に入れようとしたり……。その程度のこと、というより、もう一六歳にもなろうという子どもが何でこんなに幼い、つまらないからかい遊びに興じて人を傷つけるのかと、首をかしげたくなる。この子どもたちにとって、いま学校はどのような場になっているのか。その根本的な問いぬきには、いじめの対症療法は空しいと思えてしまう。

因みに、本稿で触れた佐世保事件については、しばらく前に『子どものリアリティ　学校のバーチャリティ』（岩波書店、二〇〇五年）という本を書いているので、読んでもらえると嬉しい。

Ⅳ　人間という自然との付き合い方

23 人が避けがたく自然と出会うところ

この連載をはじめた最初、その第一回（**1**）に取り上げた話は、もう四年も前のことだから、ほとんどの人は忘れてしまっているかもしれないのだが、もう一度、そこに立ち戻って考えてみる。

人間は世代から世代へとその「生きるかたち」を伝えながら歴史を積み上げてきた。その世代間の継承の仕方には二つのルートがあって、一つは親から子へ遺伝子の伝達によって人間的形質を継承していく生物学的継承であり、もう一つは親から子への子育てや教育によって、人間が歴史的に積み上げてきた文化的形成物を継承していく文化的継承である。これを、冒頭に「二重継承理論」として紹介した。こんなふうにわざわざ難しく言わなくても、誰もが知っていることだと言われればそのとおりなのだが、人間の問題を考えるとき、これはやはり一つの原点ではある。

生と死と

二重継承理論のなかで、これまでの議論に関わるのは、もちろん文化的継承の方なのだが、それを第一回（**1**）では、「子育ては文化が自然と出会うところ」として話しはじめた。

私たちおとなは、もう長く生きて、それぞれの文化にまみれてしまっている。そうした私たちからすると、生まれてわずかしかたっていない子どもたちは、まだ「神のうち」にあって、文化の波にもまれていない。言ってみれば、自然そのものである。その「子どもという自然」に触れたとき、私たちおとなの側が、自分たちの文化を振り返り、自分たちもこの自然からはじまったことを再確認する。また、それが私たちのいまの文化を相対化し、これを見直すきっかけにもなる。子育てを「子どもという自然」との出会いとして捉えなおす視点は、その意味で、けっこう大事なことではないかと、私はこれまで考えてきた。

どんなに文明が進んでも、人間は一つの生き物であり、その限りで自然から脱け出すことはできない。そのもっとも端的な現れの一つが、人は母体の自然を通してこの世に生み出されるという誕生の事実であり、もう一つが、自然の賜物である身体はやがて朽ちて、土に還るという死の事実である。

生き物としての人間にとって、誕生と死というこの自然は、どのような時代がこようとも変わらない。そして、この誕生とその後の子育ての過程、あるいは死とその手前の看取りの過程こそは、私たちと自然との関わり方がもっとも試される局面である。ところが、そのいずれの局面においても、いまは、その関わり方がひどく難しくなっている。

ここでの本題は子育ての問題なのだが、事のついでに、死と看取りについて言えば、いまは医療技術が進んで平均寿命がどんどん伸びてきたためだろうか、死を一つの自然として捉えるのではなく、死をむしろ自然に反する異常であるかのように見なすイメージが膨らんでいる。

実際、むやみに延命治療が施され、自然な死が遠ざけられる現実があるし、あるいは臓器移植技術が普及するにともなって脳死などという人為的な死が公式に認められるようになった。そうかと思うと、その一方で、「無縁社会」と言われるなか、貧しく身よりのない人々のあいだで、誰にも看取られないままに孤独死するケースが珍しくない。こうして死のありようが大きく変わってしまった現代、私たちは死という自然と関わるかたちを見失いつつある。

同じように、子どもが生まれ育つ過程においても、その自然と付き合うかたちに、かつてなかった難しさがいろいろな場面で現れてくる。

自然と断念

子どもが生まれ、子育てがはじまったとき、私たちはそこで「子どもという自然」と出会っている。そのことはいつの時代も変わらない。ところが、いまの私たちは、そうして自然と出会っているという感覚を素直には持ちにくくなっている。

なにしろ、いまの私たちは、この文明社会のなかで、多くのことを人為によって、より快適に、より清潔に、またより安全にできるものだと思い込んでいる。それだけに自然から遠くなる。それは山や海や川といった自然との日常的な関わりが減ったというだけのことではない。

自然とは、言い換えれば人為でもって左右できないもののことである。子どももまた、こちらの思うようにはならないという意味で一つの自然である。子どもはこちらの都合のいいようには生きてくれない。その自然と付き合うときには、「しょうがないなあ」という断念が必要だし、また自然と付き合っているのだと思えば、あきらめもつきやすい。

赤ちゃんはお腹がすけば、親が疲れて寝ていようと、テレビに夢中になっていようと、容赦なく声を上げて泣くし、おむつが濡れて気持ち悪ければ、親の都合などおかまいなくむずかり声を上げて、親を呼び寄せる。そのことにいちいち腹を立てるわけにはいかないし、赤ちゃんというのはそんなものだという断念のなかで、いやでも応でも、その赤ちゃんの自然に付き合う。また、そうして付き合うからこそ、その自然がいとおしくもなる。

また、少し大きくなって、そろそろ聞き分けもでき、我慢もできるようになったはずだと思っても、子どもたちはときに目の前の欲望に駆られて、これを押さえられず、ところかまわず泣きわめいたりする。それもまた子どもの自然であることに変わりはない。そして、その一方で子ども自身、自らの欲望がかなえられないことがあるという経験を重ねるなかで断念することをおぼえていく。

ただ、やっかいなことに、いまの時代は子どもの自然のまわりに、子どもの欲望をくすぐる商品が膨大に積み上げられている。子どもの欲望をかき立てるおもちゃやお菓子は、もちろん人工の文化的産物なのだが、それによってかき立てられる子どもの欲望の方は、じつは人類のなかに深く根を下ろした自然で、小さな子どもがそれを押さえられないのは仕方がない。それゆえ子どもが人前で恥ずかしいほど泣き叫んでも、その自然の発露そのものを責めるわけにはいかない。

どうしようもないと分かれば、子どもも断念せざるをえないのだが、親とのかけひきでなんとかなると思えば、断念は難しい。文化というものが「どうしようもない」自然を克服して「なんとかなる」ように努力した結果だとすれば、じつは文化が進めば進むほど、断念は難しいということになる。現代における子育ての悩ましさは、そこに起源があるのかもしれない。しばらくこのことを考えてみる。

（二〇一一年四月）

のちのちの記23

自由業となってなってからは、家にこもっていることが、以前に比べてずっと多くなった。せめてしっかり外の空気を吸わなければと、ときどき京都の北にある美山町の小さな家で過ごすことにしている。夕暮れ時に一人散歩に出かけると、田畑の畔に、ちらほらつくしが頭をのぞかせている（本稿を書いたのはまだ三月の初めである）。季節はこうして確実に移り行く。しかし、厳しい冬の時代が春に向かって緩む気配はない。これればかりは、ただただ待つということではすまない。

東日本大震災が襲ったのは、この回の原稿を送った直後だった。そのときも私は美山の家にいた。テレビのない由良川沿いの苫屋で、ただただラジオの声に耳を澄まし、大地震の被害、大津波の惨状、そして原発の危機的状況を、頭のなかで思い描いて、身を震わせた。そして京都に帰って、テレビに繰り返し流される大津波の映像を見て、文字通り驚愕した。目から飛び込んでくる現実の映像は、耳から入る情報による想像をはるかに超える。そして、もっと恐ろしいのは、原発事故で飛散する放射能はテレビの映像のどこにも映らず、ただ私の理解を超えた数値で示されること。

大津波は人間をはるかに超える文字通りの大自然の、ある意味、自然な現れ、こればかりは断念するほかない。しかし、人間が自然を操って人為で立派に作り上げたつもりでいた原発は、いったんそこに亀裂が起これば、もはや人為では制御できない。人間は人為で原子力を作り出すことに成功したが、それを完全に制御することは人為では不可能なのである。それは、ちょっと考えれば誰もが分かるはずのことなのに、人間はそれでもその制御できないものを作り出してしまう。

そうして思えば、「自分でも制御しきれないものを作り出してしまう」というこの人間のありようは、人間がその歴史のなかで繰り返し味わってきたはずの事実である。ノーベルの発明したダイナマイトなども、一見人為の制御下にあるようでいて、それが広まった果てに、人間を簡単に破壊してしまう武器として、二度の世界大戦で制御不能の戦火を世界に広げた。あるいは私たちのコミュニケーション環境を大きく変えたネット技術も、人為で作り出したものだが、いまや人為でコントロールできる範囲を明らかに超えつつある。

これが人間の自然の行きつく先なのかもしれないが、もう一度、その手前の自然に立ち戻って、事を見直すことが必要なのではないかと、あらためて思う。

24 地震が奪った日常と取り戻すべき日常

東日本大震災からもう一ヶ月以上になるが、復興はまだ緒についたばかり、被災の真っ只中にいる多くの人々は、これからの「生活のかたち」が見えてこないまま、いまも不安な日々を送り続けている。しかし、震災の地からはるか遠く、その惨状を眺めているだけの私たちは、新聞やテレビで見る痛ましい状況に心揺さぶられながら、何とか早く、誰もがそれぞれの日常を取り戻してほしいと願うしかない。

日常を取り戻す?

マグニチュード九・〇の大地震が起こり、未曾有の大津波が東北地方の海岸を襲ったのが三月一一日。年度末を迎え、小学校や中学校では卒業式を間近に控える時期だったのだが、三万人近い死者・行方不明者（二〇一一年四月当時の数字はこうだったが、その後、行方不明者が特定されていき、最終的には一万九〇〇〇人弱となる）が出たうえに、避難所暮らしの人がいまなお十数万人の単位で出ているなか、卒業式どころではないという学校が多数に及んだ。

それでも、三月末から四月上旬には、その卒業式が避難所となっている学校のなかで行われたというニュースが、テレビで繰り返し流された。避難所で暮らす人々に見守られながら、晴れ着で着飾ることもなく、普段着のまま卒業証書を受け取り、校歌を歌う。その子どもたちの姿に、日常の回復の小さな証しを見る思いで、いつもの卒業式とはまた違った感慨を覚えた人も少なくなかったはずだ。

そして、ゴールデンウィークを目前にしたころになっても、なお福島原発の放射能汚染で地元を離れ、別の学校や施設で授業を再開せざるをえない地区、あるいは学校の始業そのものがまだできず、入学式を開けないでいる被災地も少なくない現状にあった。

そんななかで、テレビでは避難所で受験勉強に励む子どもが映しだされ、親や教師たちが早く静かに勉強できる環境を取り戻してやりたいと話す。あるいは小学二、三年生のあどけない子どもが出てきて、照れながら「一日三〇分くらいは勉強しています」と言うと、横にいる母親が早く学校がはじまってほしいとコメントする。そんな情景もテレビの画面を通して伝えられてくる。子どもたちに日常を取り戻したい。そういうときの「子どもたちの日常」とは、多くの人たちにとってまず「学校へ行く」ということなのだろう。

思いもよらない非日常の事態に突然さらされて、身も心も混乱のさなかにあるとき、まずは日常を取り戻すことが大事。それはたしかだが、子どもたちにとって、その日常が「学校へ行く」ことだと言われると、もちろんそうだと思わざるをえない現実を確認しながら、その一方で、そうじゃないだろうと言いたくなる思いが、私のなかに湧きあがってくる。

自然を前にしての断念

前回（23）、私は「自然とは、言い換えれば人為でもって左右できないもののこと」だと書いた。原発事故の問題はともかく、地震や津波はその自然そのもの、私たち人間の人為を超えている。それによって私たちがどれほど悲惨な被害をこうむることがあっても、相手が人為を超えたものならば、生き残った者にできるのは、断念して、現実を引き受け、生き続けることだけ。それはけっして消極的な悲観論ではなく、むしろ積極的な一歩である。現に、自然の脅威を前にしたとき、無力な人間はたがいの共同性をもって立ち向かう以外にない。それは学校で教えられてきたような人為的な倫理・道徳ではなく、人間のなかに埋め込まれた人間の本性（nature）、つまり人間の自然なのである。もっとも悲惨な被災の現場に、人間の共同性がもっとも生々しく現れるのは、おそらくそのためである。

もちろん、今回の大震災のようなことは、それこそ数百年に一度起こるか起こらないかというレベルの話だが、そうした天災に限らず、自然はつねに私たちの人為を超えた存在で、人類はこの圧倒的な自然にさらされながら、その歩みを一つずつ積み重ねてきた。じつは、それが人間の日常であり、また同時に子どもの日常でもあったはずだ。

ところが、人間が自然を切り拓き、文化を築き、豊かな消費生活を広げる近代になると、個人化が進み、個々人がそれぞれに能力を獲得・蓄積することで、個人としての豊かさを確保・増進する方向に、誰もが枠づけされてきた。その先兵となったのが学校制度であったことは、歴史の一つの事実である。

学校は子どもたちが多数集まって作る共同の場でありながら、目指すところは個々人の能力を高め、学歴や資格につなぎ、将来の職業を得て市場経済に参入することにある。だからこそ、親たちは子どもをもっぱら守り、子どもたちは守られているなかで勉強し、個人としてのよりよき将来を確保することを期待される。そこに学校的な日常が生まれる。

子どもの背中

大震災は子どもたちの学校的な日常を壊した。しかし、その一方で、かつて子どもたちが担っていた日常、そして長く見失っていた日常を復活させもした。

新聞に被災した子どもたちの写真が載る。そのなかの一つに、「もっこ」と呼ばれる竹のかごを背負った姉妹が坂道を上っていく写真があった。二人は自宅を流され、高台にある祖父の家に避難している。学校はまだはじまっていないので、お昼には避難所で弁当を受け取り、高台の二〇軒ほどの家に一時間ほどかけて配って回っているのだという（朝日新聞二〇一一年四月一五日朝刊）。

学校の日常のなかで子どもが背中に背負っているのはランドセル。そこには、子どもの個人としての将来を保証する教科書や勉強道具が詰められている。しかし、この姉妹が「もっこ」に背負っているのは、家族や近隣の人たちとの生活。言ってみれば共同性を背負っているのである。

姉は記者の取材に「みんなのために何かしたいと思ってはじめた。学校がはじまってもできる限り続けたい」と話したという。昔の子どもたちには、これこそが子どもの日常だった。その日常が学校を軸としたいまの子どもたちの生活からはほとんど奪われている。震災は、ある意味で、この子どもの日常を取り戻した。

自然の脅威は、それまで当たり前だと思っていた個人の豊かな生活を断念させ、それによって、人が人として持っていたもう一つの日常を再生させた。そのことの意味を噛みしめ、そのうえであらためて子どもたちの日常をどう取り戻せばよいのかを考えなければ……と思う。

（二〇一一年六月）

のちのちの記24

本稿を書いたとき、そのプロフィール欄に書いたのは、次のようなこと。「大震災によるとんでもない被害に声を失い、ひと月余りが過ぎて、復興の声が高くなる。それはそれで当然なのだが、一方でこの震災が浮き彫りにした人間の営みの頼りなさ、愚かさを胸に刻んでおくことも忘れてはならない。日常を取り戻すことが、人間の愚かさを同じかたちで復元することにならぬように祈りたい」。

それからすでに三年が経過している。崩壊した原発の処理すらまだ見通しがつかないいま、高濃度放射能汚染水が海に流れ出ることさえ十分に防ぎえていないし、放射能汚染で立ち入り禁止の措置が取られた市区町村で、なお帰宅がままならぬままに「疎開」の地で生活を築き直さなければならない人々も、膨大な数に及んでいる。にもかかわらず、原発を再開し、原発輸出をなお重要な産業として維持しようとする政策が公然と進められている。キーワードは経済の復興と繁栄である。言ってみれば、経済第一に邁進してきた「日常を取り戻す」ために、「人間の愚かさを同じかたちで復元する」ということを、まさにそのとおり進めているのがいまの現実ではないか。また、それを担い推進している与党が、国民の多数の支持を受けて、安定政権を築き、しばらくは揺らぎそうにないのも現実で、思うだに危うい。

人間は、唯一遠い先のことを見通すことのできる「時間」の生き物である。ただ、それでもその時間のなかで圧倒的な力を持つのは、やはりこの「たったいま」とその「ちょっと先」。その点では、「ここのいま」を生きるしかない他の生き物と大差はない。「のど元過ぎれば熱さ忘れる」などと、反省の弁だけは巧みに編み出したが、その反省に基づいて、もう少し先まで見ようとする視点には、やはり立ちきれないものなのだろうか。

日常を取り戻すことは大事。しかしある程度の日常を取り戻した先には、その日常を振り返ることもまた大事。この大災害こそはそのいい機会だったのだから。

25　人間に「与えられた自然」と人間が「引き出した自然」

この連載はすでに五年にわたって続いている。原稿を書くのは隔月のほぼ二ヶ月ごとなので、締めきりがやってくるつど、前は何を書いたのだろうかと、前号を開いて確認する。ほとんど忘れているものだから、ああそうだったと思いなおして、その続きを考える。そんなふうに行きつ戻りつしながら、ここまでやってきた。そして前回は大震災のすぐ後、これを話題にしないわけにはいかないという思いで、「断念」をキーワードに話をつなぐつもりだった。ところが、そのもう一つ前の前々号（23）をあらためて開いてみると、まだ大震災前に書いたものだったのだが、たまたまではあるが、すでにそこに「断念」の話題を持ち出していた。このキーワードは、じつは大震災以前から、私自身の子ども論にとってキーとなる概念だったのである。

あらためて「断念」ということ

前々回（23）には、その末尾にはこんなことを書いている。「どうしようもないと分かれば、子どもも断念せざるをえないのだが、親とのかけひきでなんとかなると思えば、断念は難しい。文化というものが「どうしようもない」自然を克服して「なんとかなる」ように努力した結果だとすれば、じつは文化が進めば進むほど、断念は難しいということになる。現代における子育ての悩ましさは、そこに起源があるのかもしれない。

自然というものは人為で左右できないもの。その自然にぶつかったとき、人は「どうしようもない」と分かって、断念を迫られるし、いさぎよく断念してこそ、次の一歩ははじまる。子育てにもこの原則は当てはまる。そんなことを思ってこの一文を書いた、その直後の大震災だったわけである。おかげで話の流れは、一見、子育てからそれてしまったように見えるのかもしれないが、その根のところは変わらない。

震災の悲惨をどれほど嘆いても、最後はどこかで引き受ける以外にない。直接に被害を受けていない私などが、軽々に言えることではないのだが、それでも「断念」ということの重みを、いまだからこそ深く受けとめざるをえない。

「断念」と言えば、とかく一歩うしろに引いた消極的な姿勢に見られがちだが、じつは、その見かけよりずっと積極的な行為なのだと、あらためて思う。誤解のないように断っておかなければならないが、私たちが引き受ける断念は、「自然」というものの「どうしようもなさ」への断念であって、この大災害に対する政府や東京電力、原子力関連の科学者の対応の「ひどさ」、「たよりなさ」、「いたらなさ」への断念では、けっしてない。それらはみな「人為」の問題である。私たちにいま求められているのは、「人為」のひどさへの怒りであり、同時に人為を超えた「自然」への断念なのである。

人間の手で「引き出した自然」

人間の可能性を広げ、豊かな文化を築き、苦難を避け、安楽を求める。それは人間という生き物の性《さが》なのだろうが、しかし一方で、人間の限界を思い知るこの「断念」を忘れたときには、これまでにはおよそ考えられもしなかった悲惨が人間を襲う。

東京電力福島第一原発の事故にしても、原子力という名の「隠れた自然」を人為でもって引き出してしまったところに端を発している。アラジンのランプならば、そこから大魔神を呼び出しても、アラジンはそれをコントロールできるのかもしれないが、原子力は、人為で呼び出した後、それを人間の力で制御することができない。

思えば、原子力の恐るべき威力が最初に試されたのが原子爆弾であった。間近で爆発が起これば、人間を跡形もなく消してしまい、少し離れていても原形をとどめないほどに破壊する。いや、遠く離れていても、なお飛散した放射能が、人間を身体の内側から侵し、崩壊させていく。原子力の本性は、その制御不可能な暴力性にあったのである。科学技術によってどれほど着飾って見せても、その出自は変わらない。私たちはいま、大変な犠牲を払いながら、そのことを確認させられている。

半世紀ほども前、まだ原爆の被害の記憶が生々しく残るなかで、「原子力の平和利用」が叫ばれ、原子力発電が試験的に成功したときには、「原子の火が灯った」などともてはやされた。私たちの身近な「火」を比喩に用いて、人類が火を制御して文化を築いたように、「原子の火」もまた人間の制御のもとに組み入れることができたのだと、科学者や政治家たちが喧伝し、多くの人がそれに乗せられ、踊らされてきた。

原子力は、たしかに人間によって引き出されたものではある。しかし人間がゼロから作り出し、自分の手ですべてを制御できるようなものではない。「隠れた自然」を人間の手によって呼び出しはしたが、呼び出したはずのその自然が、人間には制御できない。それは人間によって呼び出されたのちも、なお大きな自然の一部であることに変わりはないからである。

ところが、人間は自分たちが呼び出すことができたのだから、それを制御することもできるかのように思いあがってしまった。そして私たちはいま、原子力が人為でもって制御できるほどやわなものではないことを、つくづく思い知らされている。

立たない。

人間に自ずと「与えられた自然」

原子力のように、「隠れた自然」のなかから人為によって呼び出された自然があるのに対して、もちろん私たちのまわりには、太陽や水や空気など、人や生き物に最初から「与えられた自然」がある。私たちはそれを制御することはできないが、与えられたままのかたちで利用することはできる。いや、これを利用しないかぎり人や生き物の暮らしは成り立たない。

いま注目されている太陽光発電や風力発電、あるいは地熱発電などが「自然エネルギー」と呼ばれるのは、その意味でのことである。太陽光も風も地熱も人間の力で制御はできない。しかし、文字通り制御できないかたちで与えられ、大昔からそれとともに生き、それによって暮らしのかたちを作ってきた。それを電力に変えて利用するというのは、まさにこれまでの人間の生活の延長上にあることで、言わば人間の「身の程」に合っている。

人が周囲の環境世界とのあいだで、この「身の程」に合った暮らしをどのように作っていくのか。それはエネルギー政策だけの問題ではなく、子どもたちを囲む子育てや教育の問題にもつながる。私たちは、これを大きな課題の一つとしてあらためて考え直さなければならない地点にいる。

（二〇一一年八月）

のちのちの記25

大震災による福島原発事故後、屋根に太陽光パネルを貼って、いくばくかの電力を自給できるようにした家が多くなった。大震災による原発事故が後押しをしているようだが、現実には、その設置に要する費用がばかにならない。抜本的な施策の変換がないかぎり、余裕のある人たちが金をかけてわずかに電力自給したぐらいでは状況は変わらないし、その程度で、自然エネルギーが根づくことは望めない。何にせよ、簡単には世の中は変わらない。そのことを承知のうえで、せめて変化の方向性くらいは正しく見極めておきたいものだと思う。そのときのキーワードが「身の程」であり、「断念」である。

「身の程」も「断念」も、経済の成長をもっぱらとし、あるいは個人の能力発達を目指す今日の時代精神からすれば、およそ消極的でネガティブな見方であるように見える。しかし、よく考えれば、これこそが私たちの「ささやかなたったいま」を肯定し、そこから身近な喜びを見つけ味わうみなもと。その意味で、十分に積極的な「生きるかたち」であるはず、そう思う。

一方で、本稿の執筆からすでに三年以上を経過したいま、世界経済の動きをにらみながら、経済成長への戦略をこらし、「積極的平和主義」を標榜して、集団的自衛権を打ち出し、将来的には戦争放棄を謳った憲法をも改正しようと声をあげる人たちがいる。その様子を目のあたりにしながら、じつのところ、彼らの「積極性」こそがいかがわしく、こわいと思う。かつて大東亜共栄圏などと叫んで戦争を推進してきた人たちがいて、その末裔たちがいまもなお健在なのだろうか。この人たちは、私たちと同じ時代を、同じように生きてきたのだろうかと、首をかしげてしまう。そしていま彼らはどこへ向かって生きようとしているのか。しかし、そうして首をかしげてしまう私たちが、いまはむしろ少数派らしい。実際のところ、この人たちの威勢のよい掛け声の方が、「身の程」を語り「断念」の意味を説こうとする私たちより、はるかに世間受けはよい。

この問題は、この時代の子育てにも、また教育にも深くからんでくる。しっかり考えなくては。

26 「身の程」をともに生きる

「身の程」を知る

「断念」という言葉は、「仕方がないからあきらめる」という消極的な意味で使われることが多くて、一般にはあまりいい印象を持たれていない。そのことを承知のうえで、ここでは、この「断念」をもっと積極的な意味合いで考えていこうという話をしてきた。

前回の話を引き継いで言えば、「原子力の平和利用」などという言説が、人類の未来を保証するかのように、人々の心を魅了してきた。しかし、その結果、人々は自分たちの「身の程」を忘れ、自分たちの力で制御不能なものに自分たちの未来を託してきた。原発事故は、私たちにこのことをあらためて思い知らせる機会となった。私たちにいま求められているのは、人類としての「身の程」を知り、右肩上がりの無謀な欲望を断念すること。これは、いま私たちが確認すべき大事なことである。

ただ、「身の程」を知るなどと言うと、自分の地位や身分にふさわしい「分相応」の振る舞いを求めるという、何か保守的で、抑圧的な雰囲気がつきまとう。もちろん、私はそんなことを言いたいのではない。「断念」にしろ「身の程」にしろ、誰にとっても大事なことなのだが、ことばはいったん汚れてしまうと、なかなか除染が難しい。「身の程を知れ」とか「身の程知らず」という言い方が、これまでしばしば差別的なニュアンスで使われて、その意味で、このことばに抵抗感を持つのは、むしろ当然ではある。しかし、そのうえで、やはり自分たちの「身の程」を知らなければならないし、「身の程」を超えた過剰な欲望は断念しなければならない。誰もが、自らの「身の程」を引き受けて、たがいのその等身大の生活を突き合わせて、ともに生きているのである。

「競い合い」「切り拓く」

しかし、こうした考え方が、人々のあいだではなかなかうまく根を下ろさない。人々はむしろ自分たちの「身の程」を引き比べ、それを競い合わせて、たがいに無理な背伸びをしてしまう。

先日（二〇一一年九月）、橋下徹大阪府知事が代表を務める「大阪維新の会」が、大阪府・市のW選挙をにらんで、全国初の「教育基本条例案」を発表した。そこに使われたことばは、表向きは汚れの見えにくい綺麗なものだが、その背後にはここかしこに汚泥の源泉が隠れている。

新聞で公表されたその骨子によれば、「互いに競い合い、自己の判断と責任で道を切り拓く人材、愛国心及び郷土を愛する心にあふれるとともに、国際社会の平和と発展に寄与する人材を育てる」という。そこでは、個人のレベルでたがいに「競い合い」「切り拓き」、そして共同性のレベルでは「愛国心」と「郷土愛」を強調する。後者の話は、また別の機会にするとして、ここで考えたいのは「競い合い」「切り拓く」ということ。

グローバリズムが席巻し、新自由主義が叫ばれる今日の社会では、まさに「競い合い」「切り拓く」ことがキーワードである。これを「切磋琢磨」と言い、あるいは「進取の精神」と言う人もいる。たしかに、そう言えば教育の理念として格好もつく。しかし、競い合えばかならずはじき出される人がいて、切り拓けばかならず取り残される人がいる。この当たり前の事実が、美辞麗句の陰には隠されている。

実際、ここで何を競い合うかというと、それはやはり「学力」でしかない。現に条例案には「教育委員会は学力調査テストの市町村別、学校別の結果をホームページで公開しなければならない」とあり、そのうえで「市教委は隣接区域やブロック内で市立小中学校を選べる学校選択制の実現に努めなければならない」とされている。学力を高めることを学校の最大の役割として、その効率化を図るために学校間に競争の原理を持ち込もうというのである。そうなれば、義務教育の小学校・中学校にまで学校間格差がはびこることになってしまう。

おまけに高校教育については、「府立高校の学区を廃止し府内全域を通学区域にする」とし、「三年連続で入学者数が定員割れし、改善の見込みがない府立高校は統廃合しなければならない」という。このとおりに制度化すれば、学力による輪切りがさらに進んで、そこからはじき出された底辺校は、ますます底辺に沈んで、学力で落ちこぼれた子どもたちを支える学校そのものが、存亡の危機に瀕することになる。

オリンピック的競争と教育

たがいに競い合い、切磋琢磨するというとき、私たちが原型としてイメージしているのはオリンピックやワールドカップのようなスポーツ競技である。たしかにそのトップ・ランナーたちが精一杯の力で競い合う姿は、その敗者の姿をも含めて、私たちを心から感動させる。しかし、間違ってはいけないのは、その競い合いは、それこそ多くの人々の先端のさらに先端で行われているということである。

国体のレベルでも、人口比で言えば、数万人あるいは数十万人のなかの数十人、オリンピックなどになれば数百万人、あるいは数千万人のなかの数十人がたがいに闘っているようなもので、誰が勝ったにしても、その競技のなかでいずれもトップ・ランナーであることに違いはない。そこで負けても、全体で言えば、けっして敗者ではない。言ってみれば、九九・九九％を除いた〇・〇一％、あるいは〇・〇〇一％の人たちのあいだの闘いなのである。

当たり前のことだが、このスポーツのイメージで、学校の学びや人の暮らしを考えるわけにはいかない。ノーベル賞やフィールズ賞のように、先頭集団のなかで競い合いがはなばなしく展開されることをとやかく言うつもりはないが、学びや生活という点では、どんなに後尾の集団であれ、その学びや生活そのものをやめるわけにはいかない。それは、そもそも競い合うようなものではないのである。

どんなに学力が低くても、あるいはどんな重い障害があっても、人はその身体に具わった力で生きていく以外にない。学力とは、しゃにむに努力して競争に勝つなどというようなものではなくて、どうであれ身につけたその力を使って、たがいに生き合っていく、そのためのものである。わが身に与えられた「身の程」をたずさえて、「ともに生き合う」ことを抜きに、本来、学ぶことの意味はない。そんな当たり前のことを忘れて、競い合い、切り拓くことのみを目標にしたとき、学校はまさに「構造的暴力」として子どもたちを切り刻む。

（二〇一一年一〇月）

のちのちの記26

橋下氏の人気はいったい何なんだろうかと思う。先に、光市母子殺害事件の裁判で、元少年の弁護にあたった弁護団に対して、橋下氏がテレビで懲戒請求をあおったということを話題に取り上げたが（6）、事件の具体的な詳細も知らず、マスコミで報道されたレベルの情報で、正確な事実を確かめもせずに、弁護団にいかにも非があるかのように言うその姿勢そのものに、私ははっきりいってその弁護士としての品性を疑わざるをえなかった。その橋下氏が、学校教育の場にも競争の原理を貫徹させようと、この時代に向けて発信するとき、いま学校の場で子どもたちが置かれている状況についてどのような情報を持ち、それをどのように理解しているのかと、その点に根本的な疑念を抱かざるをえない。

この連載の時点では、橋下氏の「大阪維新の会」は、選挙で連戦連勝だった。時代の競争主義がそこまで人々の生活に浸透し、自分だけは勝ち残ろう、自分の子どもだけは勝ち残らせたい、そんな思いが世の中に蔓延しているのだろうか。なんとも不気味な時代の空気である。

その後、橋下氏の人気もやや落ち気味で、いまは「維新の会」もひところのような勢いはない。しかし、競争をあおる時代の空気は相変わらずだし、「学力」への信仰はいまも学校をおおっている。問題は、橋下氏のような「時代の寵児」に限られたものではない。彼が寵児になるだけの時代の精神のありようこそが問題なのだ。ゆっくりこの現実に付き合いながら、問題の根をいま少し深く掘り下げる努力が求められている。

27　いまや「発達」の時代

長く「発達」の世界に触れながら

この連載も終わりに近づいて、いまさら自己紹介でもないが、私は長く「発達」の周辺で仕事をしてきた。大学で発達心理学の先生について勉強をはじめたのが一九六〇年代の終わり、まさに大学闘争のさなかで、大学とは何か、学問とは何か、私たちの生きるこの社会とは何かということを問うて、大学が大荒れに荒れていたころのことだった。

御多分にもれず、私もその闘争の渦中にはまって、研究者としての軌道を大きく踏み外した。それは、私にその後の苦難を強いることにもなったのだが、いま思えば、ほんとうに有難いことだった。おかげで時流の発達心理学に巻き込まれることなく、その周辺で「発達」への批判的な位置を保ちつづけることができた。それでも、たまたまの縁で大学に発達心理学のポストを得ることができ、「発達」を看板にメシを食いながら、「発達」批判を自分の仕事の一つにしてきた。

それにしても、そのころはまだ、「発達心理学」といっても、一般の人には「それは何の心理学？」と問い返されたくらいマイナーな領域だった。もちろん「発達」ということば自体は古くからあったし、発達心理学の歴史そのものは古い。しかし、一般には親が自分の子どもの育ちを「発達」と言ったり、教師が教え子たちの成長を「発達」ということばで語ったりすることはなかった。

ところが、その時代から半世紀を経たいまはどうだろうか。素朴に子どもの「育ち」とか「成長」と言えばいいところでも、親や教師が子どもの「発達」を語り「発達課題」を語ってしまう。あるいは「子育て」「子育ち」と言えばいいところを、「発達の促進」とか「発達の保障」と言ってしまう。

その辞書的な意味はさして変わらないのだが、「育ち」を「発達」と言い換え、「遅れ」を「発達障害」と言い換えた途端に、不思議なことに、そこには専門の臭いがつきまとい、日常の生活世界から離れた専門領域になってしまう。

「発達障害」バブル

「発達」に対して専門的な見方ができるようになり、それが一般の人にも広がれば、それは結構なことではないかと言われるかもしれない。しかし、「発達」が専門という枠の話として囲い込まれてしまうと、家庭や地域あるいは学校の場での子どもたちの暮らしまで、専門を離れた日常の目では見られなくなってしまう。
「発達障害者支援法」が施行されたのが二〇〇五年、そこでは発達障害が「自閉症、アスペルガー症候群その他の広汎性発達障害、学習障害、注意欠陥多動性障害その他これに類する脳機能の障害であってその症状が通常低年齢において発現するもの」と定義されている。こうして「脳機能の障害」と規定されてしまうと、いかにも専門外の人間には関与できない特殊な障害であるかのようになってしまう。

現に、いまでは病院やクリニック、関係の相談機関に、「発達障害の疑い」でやってくる子どもたちが膨大な数に及ぶ。石川憲彦さんは、これを「発達障害バブル」と呼んでいる。石川さんは、一九七〇年代に大学病院で子どもたちを対象とする精神科医として仕事をはじめ、その後八〇年代に大学の職を得て、子どもの現場から離れていたのだが、数年前に大学を辞めて、東京でクリニックを開いたところ、「発達障害ではないか」という相談がどっと押し寄せて驚いたという。子どもをめぐる相談内容が昔とは大きく変わって、以前は問題にならなかったような子どもたちが、「発達障害」の名のもとにどんどん送られてくるのである。

もちろん、現実に「発達上の障害」というものがあって、そのことが分かることで助かることもある。たとえば行動がちょっと乱暴だったり、人間関係がちょっと読みづらくて奇妙な言動をしたりする子どもがいれば、かつては「しつけが悪い」ということで親が非難されたりした。しかし、それが「発達障害」と診断されれば、親たちは理不尽な非難からまぬがれることができる。それはそれでよい。しかし、一方で、「発達障害」と診断されることで、親までもが自分の子どもを「専門」の目で見るようになってしまえば、親子の関係も崩れかねない。

「おこだでませんように」

『おこだでませんように』（くすのきしげのり作、石井聖岳絵、小学館、二〇〇八年）という絵本がある。タイトルを見ると、どういう意味？と首をかしげてしまうのだが、読んでみると小学校に入ったばかりの男の子の可愛い話である。後書きによれば、作者自身が小学校の先生をしていたときの実話によるらしい。

その男の子はちょっとだけ乱暴で、お母さんからも先生からも毎日のように怒られている。学校から帰ると小さな妹の遊び相手になってやるのだが、妹はちょっとしたことですぐに泣きだして、泣きやまない。そこへお母さんが帰ってきて、妹を泣かしたといって怒られる。学校では、休み時間に友だちの遊びに入りたいのだが、ルールが分からずうまく遊べないので、仲間外れにされる。それで、つい友だちを蹴ったり叩いたりして、先生に怒られてしまう。そんなふうで、男の子はいつもいつも怒られている。

おかげで、入学前は楽しみにしていた学校も、その子には辛いものになった。ある日、学校で七夕祭りの短冊に願い事を書くことになった。ほかの子どもたちが要領よく書いてしまうなかで、彼は考え考えしながら、なかなか書けない。それで先生にまた「早く書きなさい」と怒られる。それでも一心に思いを込めて短冊につたない字で書いたのが「おこだでませんように」である。

おこられませんように、とその子は必死に書いたつもりだが、「ら」が「だ」になり、「れ」が「で」になっている。それに「ま」は最後のはね方が逆で鏡文字である。だけど、これを見た先生は何も言わず、自分はこの子をいつも怒ってばかりいたことに気づいて、「よく書けたね」とやさしくほめる。そのことは母親にも伝えられて、母親は彼をやさしく抱いてくれた。そうして妹が一人になってしまうと、それを見た彼はかわいそうになって、妹を抱きすくめてあげる。こういう話である。

そこには「発達」という目の入らない子どもの日常の暮らしがあり、だからこそ子どもと周囲の人たちのあいだに、ほのぼのした話が成り立つ。そのことを、あらためて確認した思いがする。

（二〇一一年一二月）

のちのちの記27

この年の四月からはじめた「川西市子どもの人権オンブズパーソン」の仕事は、引き受けてから、この時点で半年余りがたった。そこでも子どもたちの健気で切ない話にしばしば出会う。そのつど、どうして子どもたちがこんなに生き苦しくなっているのかと考え込んでしまう。世の中が「発達」という名の大きな錯覚に囚われてしまうと、明日にばかり目がいって、子どもたちの「ここのいま」が見えない。「発達」ということばには、次にやってくる将来に向けての「準備」という発想がどうしてもついてまわる。

この歳になってあらためて思うのだが、人生のどのときをとっても、「準備の時代」などというものはない。ところが、子どもの「発達」という言い方をしたとたんに、その子ども時代はおとなになるための「準備の時代」であるかのように思いなされてしまう。これはどうしてなのだろうか。いや、それは「教育」ということばでもそうだ。子どもを教育するのは、将来育ってほしい姿をイメージして、そこに向けて教え育むのだという発想で、そこにもまたおとなへの準備という意味合いが背後にひそんでいる。

もちろん子ども時代に体験したこと、そこで学んだことが、結果的におとなになったときの人格の大事な基礎となるということは、たしかにある。しかし、ここで見落としてはならないのは、それが「結果的に……基礎となる」ということであって、「あらかじめ基礎になるべく意図して準備する」のではないということである。子どもは子どもの本番を生きているのであって、それはおとなになるための準備ではない。そして子どもの本番を生きることが、結果としておとなになるための基礎になるのである。

これは微妙な違いに見える。しかし、そこを錯覚して、子ども時代をもっぱらおとなになるための準備だと思いはじめたとき、子どもたちはその本来の子ども時代を奪われてしまう。七夕の短冊に、そのときのその子の力で必死に「おこだでませんように」と書いたとき、その間違いを正して指導するのではなくて、そこにその子の心底の思いを受けとめる。それによってこそ子どもは子どもの本番を生きることができるし、それが結果としてその子の人となりをつくっていく。そういうものなのだと思う。そこを私たちは逆さまに考えて、しばしば間違ってしまう。

28

生と性と死――人間という生き物の自然

年齢を生きているわけではない

長く続けてきたこの連載も、いよいよひと区切り、今回でおしまいである。第一回をいつ書いたのかも、記憶のなかで定かでないのだが、あらためて元をたどって勘定してみると、ちょうど還暦の六〇歳のときからはじめたものらしい。それからすでに五年以上の年月が流れて、気がつけばいまはもう六五歳、私も介護保険証をいただく年齢になった。

ただ、年齢というものは自分の生活史を暦の時間軸にのせて測った数値にすぎない。そのつどいまの年齢を記号として確認することはできても、やはり記号は記号、人はときどきこの時間の物差しを当てて、「ああ、もう〇〇歳」なのだと思うだけで、その年齢を内側から生きているわけではない。

それは幼い子どもも同じ。「歳はいくつ?」と聞かれて、可愛い三本の指を不器用に突き出して見せる幼な子も、「三歳」という年齢を生きているわけではなく、この人間の文化のなかで与えられた年齢表示を記号として受け入れ、それを他者に向かって示せるようになったというにすぎない。そもそも年齢の出発点となる〇歳〇ヶ月〇日のことを憶えてはいないのだから、「年齢を生きる」などいうことは誰にもできない。

人は、外から与えられた記号以前のところで、それぞれの身体の内側から、この「ここのいま」を生きているだけである。そこでは人はいつも「無年齢」。ただし、そのうえで人は時間と無縁ではいられない。誰もが生き物という自然として、時間の流れのなか、一連なりの生活過程を生きているからである。

端的に言ってしまえば、人はみなこの世に「生」を得て以来、そのなかで育ち、成人して「性」の営みを重ねて、次の世代を生み落とし、自らはやがて老い、身は朽ちて「死」にいたる。生、性、死をめぐるその時間の過程は厳然たる自然の事実であって、そこにいくら文化的な粉飾を施しても、核となる自然をおおい隠すことはできない。

この連載のテーマを「子どもの世界」と「おとなの世界」の出会うところ、としたのも、この時間という自然の流れのなかで、親世代と子世代が、たがいに三〇歳前後のタイムラグを置いて、同時代人として生きているという、その事実をイメージしてのことである。このことをあらためて最後に確認しておきたい。

生まれる生の自然、生む性の自然

人は歴史的に人間が積み上げてきた文化にどっぷり浸かり、その文化を空気のように呼吸してきたためか、自分が生き物という自然を生きている事実をつい忘れがちになる。しかし、「自然」は人間のなす「人為」をはるかに超えたもの。人間がよりよき生活を求めて自然を超えようとしても、あの大震災のようなときには、人間もまた自然の一部をなす小さな生き物にすぎないことを思い知らされる。ただ、自然はそのような脅威としてのみ私たちに迫るのではない。

この連載の最初に私は「子育ては文化が自然と出会うところ」だと書いた。赤ちゃんは何らの文化の衣もまとわず、そのまま裸の姿でこの世界に生み出される。その意味で赤ちゃんは自然そのものなのだが、その自然との付き合いのかたちは、時代により地域によりり大きく異なる。言ってみれば、それが育児の文化。その文化のありようはじつにさまざまだが、ただ、そのいずれもが赤ちゃんという自然との付き合いのかただということに変わりはない。

人間も生き物である。子育てや子育ちに悩んだとき、まず立ち返るべきはこの人間の自然ではないかと、私は思ってきた。人間にとって文化の意味は大きい。しかし、文化が自然をカバーできるところは限られている。発達と言われる現象も、じつのところ、その圧倒的部分が自然の過程なのに、人はこれを人為でいじりすぎる。いま「発達障害」などと呼ばれているものも、おそらくはその大半が自然の多様性の一つにすぎない。それをありのままに受け入れる文化をこそ、私たちは構想しなければならないのに、そこに「人為」でもってさまざまなラベルを貼り付け、ごく自然に育つべき人間関係の網の目を引き裂き、奇妙にもつれさせているように思えてならない。

あるいは、赤ちゃんという自然を生み出す若者やおとなたちの性もまた、その圧倒的部分が自然のうちにある。性を軸にできあがる家族などの人間関係の網の目は、これまた時代により地域によりさまざまなかたちをとってきたのだが、その文化の多様性を認めたうえで、人間の性もまたその根っこは自然であり、人為で左右できない部分を大きく抱えていることを自覚しなければならない。

そして、ここでも文化は自然とぶつかり、さまざまな葛藤を生み出し、ときに性に衝き動かされた悲惨な事件が引き起こされる。そうした事件に出会うつど、私自身、そこにまでいたりかねない葛藤を解きほぐす方途がないものかと、考えあぐねてしまう。ただ、私たちがそこで考えなければならないのは、文化によって自然を制圧することではない。性もまたなくてはならない自然の一つ。それをありのままに見つめること、そこからしか人間の本来は見えてこない。

老いも死もまた生き物の自然

さらには老いや死もまた生き物の自然である。人が個として生きることが全面に出てしまったこの時代には、個体が老い、やがて死ぬことは、個の生命が尽き、「正常」なる生が終焉を迎える究極の「異常」であるかのように思われている。しかし、死なない生き物はどこにもいない。人間が文化の粋を集めてどれほどアンチエイジングに励んでも、あらゆる人知を尽くしていかに延命に努めても、究極的には時間という自然の過程に逆らうことはできない。

生き物はみな、世代を引き継いだのち、自らの老いを引き受けて、最期に死を迎える。そのこともまた自然の循環として受け容れるのでなければ、人の生が全うされることはない。私自身、まったく遠いものであるかのように思っていた老いが、いま確実にこの身のうちにあり、同世代の友人たち知人たちの死をしばしば聞く年齢になった。

自ら「無年齢」を標榜しつつも、やはり時間という自然にはあらがえない。私自身そうした生き物として、人間の自然と、それに付き合うなかでかたちづくられていく人間の文化について、いま一度あらためて考えていきたいと思っている。

（二〇一二年三月）

のちのちの記28

この原稿を書く直前に、私のもとに「介護保険被保険者証」が送られてきた。いよいよ正式に高齢者と認められる年齢になったらしい。しかし、そうして年齢を重ねても、それに見合ったかたちで心が落ち着くわけではない。相変わらず思い惑うことばかりが多く、まだしばらくはドロドロと、生き恥をさらしながらも生きていくほかなさそうである。

ながながと書き連ねてきたこの連載も、ひとまずここで閉じる。最後は「老いの繰り言」のような話になってしまったが、おそらくはまだしばらく生きて、あれこれとその繰り言を重ねていかなければならないのかもしれない。実際、ここで繰り出してきたさまざまな問いに対して、私自身、一つとして自信を持って確答できることがない。疑問は疑問のまま、戸惑いは戸惑いのまま、不安は不安のまま、それを書き綴ったにとどまる。しかし、それはそれでいいと思っている。

人の世は迷いの連続。その渦中にいて、どうにか自分なりにある方向を見つける。しかし、それが世の中の全体の流れとは大きくずれる。気がつくと、自分がずいぶんと少数派なのだと思い知らされる。と同時に、圧倒的な多数派の流れは、じつのところ、そうとうに深い「錯覚」に動かされているのだと知る。しかし、その「錯覚」がこわいのは、ほとんどの人がふだん「錯覚」だと気づかないままに流されているところ。

最近、こんな比喩でこれを語ることにしている。みんながある方向に向かって走っている。一所懸命走っている。しかし、走りながら何のために走っているのかが分からない。

そこで隣を走っている人に聞いてみる。「私たちは何のために走っているのだろう?」。すると、その人ははあはあ息を荒げ、眉をしかめて「分からないなあ」と答える。そこで次の隣の人にも聞く。すると、その人も顔をゆがめて「分からない」と言う。そうして誰に聞いても、これという答えがない。「それじゃ、もう走るのをやめよう」と思って足をとめ、深呼吸をする。気がつくと、身のまわりにいた大集団はそのまま走り去って、自分一人が取り残されている。

私たちはそんな錯覚の流れのなかにいるのかもしれないと思う。取り残されて少数派になることをおそれてはいけない。私たちおとなも、そして子どもたちもそうした時代状況のなかにいて、迷いも、戸惑いも、当然のこと。そう思いながら自分なりの足取りで、自分なりの方向に歩を進めていくしかない。

おわりに

私がまだ「子どもの世界」と「おとなの世界」のはざまにいたころ、「人は何のために生きているのか」などという問いにとりつかれて、その答えのなさに気づきながらも、私は大学で心理学を専攻した。思えば、その選択は明らかに誤っていた。心理学はそもそもそんな問いに答えるような学問ではなかったからである。しかし、それでも心理学の場を去ることなく、その端っこで少数派の位置を生きているうちに、自ら刑事裁判の世界に巻き込まれ、やがてそこで「供述分析」の仕事を本格的にするようになった。それは既存の心理学を応用してすむような仕事ではなく、現実の切実な問題状況に合わせて、新たに心理学を組んでいかねばならない難しい世界。その世界に身をおいてすでに三五年を過ぎる。しかし、その新たな心理学にまだ到達してはいない。事件一つひとつに個別に向き合っての、ほとんど職人仕事で、それを普遍化することは、やはり簡単でない。

そして、この職人仕事の一方で、子どもの発達に関わる心理学にもこだわり続けてきた。子どもがおとなになるという発達は、もちろん一つの自然の事実としてある。しかし、それは同時に、つねに時代の文化に包まれていて、それを切り離して見ることはできない。

実際、このいまという時代においては、「発達」に価値的な意味合いがこびりついていて、親も教師も、そして療育や相談の関係者も、やたらと「発達、発達」と叫ぶ。本来「発達」は、個々の子どもが「手持ちの力でいまを生きた後にやってくる自然な結果」であるのに、そこが逆立ちして、その単なる自然の現象である以上に、「明日に向けて頑張って獲得すべき目標」になっているのである。この現実を見るにつけ、私は、ついつい「人は発達のために生きているのではない」などと皮肉を言ってしまう。実際、発達を目標にしたことで、子どもたちがどれほど息苦しくなっているか。そのことを、あれこれの現場で見てきた。ただ、声を上げてこういうことを言い募っても、じつのところ、耳を貸してくれる人たちは多くない。

そんなこんなで、どの世界からもはみ出しながら生きていまにいたるというのが、私の正直な実感である。それでも言わなければならないことはある。そういう思いで、あちこちにものを書き、ものを言ってきた。もちろん、聞いてくれる人がいればうれしいし、批判的に読んで、積極的な方向を示してくれる人がいれば、なおうれしい。本書もそうした趣旨のもとにつくられたものである。ともあれ、本にまとめていただけることは有難い。

本書のもとになったのは、子ども情報研究センターの月刊『はらっぱ』に二〇〇七年四月号から二〇一二年三月号まで五年間にわたって隔月で連載してきた「子どもの世界、おとなの世界」である。そこに記した「折々の記」に、今回、新たに「のちのちの記」を書き加えて編集した。また、冒頭の「はじめに」は、季刊『発達』一三四号に書かせてもらった「「発達、発達」と叫ばれる時代の発達論」を加筆修正したものである。

この連載は、二ヶ月ごとにやってくる締めきりに急かされるようにして、そのつど思っていることを書き連ねてきたもので、もちろん、そこには最初から目論んだ筋書があるわけではない。それでも、そうして折々に思ったことを綴るという気楽なスタイルだったからこそ、どうにか書き続けることができたように思う。なにがしかでも読むに堪えるところがあればと願っている。

今回、このようなかたちでまとめて出版させていただくについては、ミネルヴァ書房の吉岡昌俊さんにお世話になりました。ありがとうございました。また、子ども情報研究センターの皆様には『はらっぱ』でこの連載エッセイを書かせていただき、今回、新たなかたちで出版を許可していただいたことにあらためて御礼を申し上げます。

二〇一四年九月三〇日

浜田寿美男

《著者紹介》

浜田　寿美男（はまだ　すみお）

1947年　生まれ
1976年　京都大学大学院博士課程修了
現　在　奈良女子大学名誉教授・立命館大学特別招聘教授
　　　　川西市子どもの人権オンブズパーソン代表
主　著　『証言台の子どもたち』（日本評論社，1986年）
　　　　『ほんとうは僕殺したんじゃねえもの』（筑摩書房，1991年）
　　　　『発達心理学再考のための序説』（ミネルヴァ書房，1993年）
　　　　『個立の風景』（ミネルヴァ書房，1993年）
　　　　『ピアジェとワロン』（ミネルヴァ書房，1994年）
　　　　『私のなかの他者』（金子書房，1998年）
　　　　『「私」とは何か』（講談社，1999年）
　　　　『自白の心理学』（岩波新書，2001年）
　　　　『〈ウソ〉を見抜く心理学』（NHK ブックス，2002年）
　　　　『「私」をめぐる冒険』（洋泉社，2005年）
　　　　『新版　自白の研究』（北大路書房，2005年）
　　　　『子どものリアリティ　学校のバーチャリティ』（岩波書店，2005年）
　　　　『子ども学序説』（岩波書店，2009年）
　　　　『心はなぜ不自由なのか』（PHP 新書，2009年）
　　　　『障害と子どもたちの生きるかたち』（岩波書店，2009年）
　　　　『私と他者と語りの世界』（ミネルヴァ書房，2009年）
　　　　『子どもが巣立つということ』（ジャパンマシニスト社，2012年）
　　　　『虚偽自白はこうしてつくられる』（現代人文社，2014年）ほか，多数。

〈子どもという自然〉と出会う
――この時代と発達をめぐる折々の記――

2015年1月30日　初版第1刷発行　〈検印省略〉

定価はカバーに
表示しています

著　者　浜　田　寿美男
発行者　杉　田　啓　三
印刷者　坂　本　喜　杏

発行所　株式会社　ミネルヴァ書房
607-8494　京都市山科区日ノ岡堤谷町1
電話代表　(075)581-5191
振替口座　01020-0-8076

冨山房インターナショナル・藤沢製本

ISBN 978-4-623-07252-1
Printed in Japan